CARL MARIA VON WEBER

DIETER HÄRTWIG

Carl Maria von Weber

Mit 60 Abbildungen

VEB BIBLIOGRAPHISCHES INSTITUT LEIPZIG

Titelbild: Carl Maria von Weber, Gemälde von Ferdinand Schimon (1825)
Frontispiz: Carl Maria von Weber, Ölgemälde von Caroline Bardua

Härtwig, Dieter
Carl Maria von Weber / Dieter Härtwig –
2., durchgesehene Auflage – Leipzig:
Bibliographisches Institut 1989 – 92 S. : 60 Ill.
(Bildbiographie)
ISBN 3-323-00019-6

ISBN 3-323-00019-6

2., durchgesehene Auflage

Verlagslizenz-Nr.: 433-130/229/89
Printed in the German Democratic Republic
Satz: Grafische Werke Zwickau III/29/1
Druck und buchbinderische Weiterverarbeitung:
Druckhaus Aufwärts, Leipzig - III/18/20-0380
Reihengestaltung: Hannelore Heise, Halle-Neustadt
LSV 8384
Best.-Nr.: 577 833 4
00380

„Haben Sie noch nicht Webers ‚Freischütz' gehört? Nein? Unglücklicher Mann", schrieb Heinrich Heine, der 1821 bei der Uraufführung, wie Ernst Theodor Amadeus Hoffmann und der zwölfjährige Felix Mendelssohn Bartholdy, anwesend war, in seinen „Briefen aus Berlin". „Aber haben Sie nicht wenigstens aus dieser Oper das ‚Lied der Brautjungfern' oder den ‚Jungfernkranz' gehört? Nein? Glücklicher Mann!" Denn jetzt sei überall „immer und ewig" dieselbe Melodie zu hören, das Lied aller Lieder, der „Jungfernkranz". Daß der überwältigende Erfolg, die sofort erlangte Popularität dieses Werkes – bis heute, über 200 Jahre nach seiner Geburt, nachhaltigster Opernerfolg des Komponisten geblieben – damals nicht nur von der alle bezaubernden Musik ausgelöst wurde, sondern auch der zeitbedingten politischen und kulturellen Situation wie der allgemein verehrten Persönlichkeit Webers und seiner patriotischen Haltung zuzuschreiben war, steht außer Zweifel.

Romantiker und Sänger seines Volkes

Die „*Freischütz*"-Uraufführung in Berlin war ein Triumph, ein nationales Ereignis. In dieser romantischen deutschen Volksoper, in der einfache Menschen, Bauern und Jägerburschen, die Helden sind, erkannte das Publikum, insbesondere national gesinnte bürgerliche Kreise, Künstler, Gelehrte und die patriotische studentische Jugend (die Vertreter des Hofes fehlten bezeichnenderweise), jenes vaterländische Bekenntnis des Komponisten, das er bereits 1814 mit seinen leidenschaftlichen Freiheitsgesängen „*Du Schwert an meiner Linken*" und „*Lützows wilde, verwegene Jagd*" abgelegt hatte. Mit diesen Liedern nach Theodor Körners Dichtung „Leyer und Schwerdt" nahm er auf seine Weise Stellung zum Befreiungskriege von 1813/14, mit dem die nationale Befreiung Deutschlands von napoleonischer Fremdherrschaft zwar erkämpft wurde, jedoch die Zersplitterung des Landes und die politische Herrschaft des Adels erhalten geblieben, der vom Volke erstrebte deutsche Nationalstaat nicht zustandegekommen war. Diese *Männerchöre op. 42* hatten Weber zu einem „Sänger seines Volkes" werden lassen. Zum erstenmal fühlte er sich, nach dem Zeugnis seines Sohnes Max Maria, seinem ersten Biographen, „politisch als Deutscher", „zum erstenmal erwärmten die Begriffe von Freiheit, Vaterland, Heldentod, Bürgertugend, Tyrannenhaß seine Seele". 1815 wurde Napoleon bei Belle-Alliance/Waterloo von preußischen und britischen Truppen endgültig geschlagen, und Weber feierte das historische Ereignis mit der Kantate „*Kampf und Sieg*".

1844 sprach Richard Wagner von ihm als dem deutschesten Komponisten, ein aus damaliger Situation verständliches Wort. Damit konnte jedoch nicht nationalistische Überhebung gemeint sein, wodurch in der Vergangenheit das Bild Webers und seine Leistung verzerrt worden sind. Die Bemühungen und Verdienste des großen Musikers um die deutsche Oper, um die nationale Opernmusik sind unbestritten. In Weiterführung der mit Mozarts „Zauberflöte" und Beethovens „Fidelio" begonnenen Linie nationaler Opernkunst leistete er für die Fortsetzung der deutschen nationalen Oper das Bedeutendste in seiner Epoche. Doch schätzen wir Weber nur, weil er ein deutscher Komponist war, weil er, um Hans Pfitzners spöttisch zugespitztes, doch fragwürdiges Wort zu zitieren, auf die Welt kam, um den „*Freischütz*" zu schreiben? Nein, seine Leistung ist wesentlich umfassender, sie läßt sich nicht auf den „*Freischütz*" reduzieren, nicht auf den Ausdruck des Nationalen. Sie besitzt wahrhaft europäisches Ausstrahlungsvermögen, auch wenn heute längst nicht mehr alle Schaffensbelege seines überaus reichhaltigen Œuvres lebendig geblieben sind, wenn die Zeit inzwischen eine Auswahl getroffen hat. Webers Gedanken und Neuerungen sind von nachfolgenden Komponistengenerationen in vielen Ländern verarbeitet und weiterverfolgt worden.

Vor allem Richard Wagners künstlerischer Weg wäre ohne „*Euryanthe*" und „*Oberon*" wahrscheinlich anders verlaufen. Die Idee vom einheitlich durchkomponierten Musikdrama, die Weber theoretisch in seinen Schriften und praktisch in seinen großen Opern verfocht, vollendete Wagner. Der Franzose Hector Berlioz war ein besonderer Verehrer der Weberschen Tonsprache und seiner neuartigen Instrumentationskunst, die ungeahnte Charakterisierungsmöglichkeiten vor allem der Blasinstrumente erschloß. In seiner „Symphonie fantastique" ist dies auch hörbar. Von Weber, dessen Klavierwerk „*Aufforderung zum Tanz*" er instrumentierte, empfing er die Anregungen für seine weit in die Zukunft wirkende Instrumentationslehre, damit wurde das, was dieser seinem Jahrhundert klanglich an Möglichkeiten eröffnet hatte, zugleich ein Ausgangspunkt für die virtuose Orchesterbehandlung Franz Liszts,

Richard Wagners, Richard Strauss', Gustav Mahlers, Claude Debussys u.a. Sein brillanter Instrumentalstil, seine virtuose Klaviermusik beeinflußten das Klavierschaffen Fryderyk Chopins, Mendelssohn Bartholdys, Robert Schumanns, Liszts bis hin zu Debussy, Sergej Rachmaninow, Alexander Skrjabin. Mendelssohns Chormusik ist ohne die Webers kaum denkbar. Sein Einfluß findet sich in den Opern Heinrich Marschners, Albert Lortzings, Otto Nicolais und Giacomo Meyerbeers.
Webers Schaffensgrundsätze und seine Werke haben ohne Frage den Pulsschlag ihrer Zeit erfühlt, ihn musikalisch zu artikulieren vermocht. Sein Beispiel nationalen Freiheitsdenkens, das verbunden war mit dem aus Aufklärung und Klassik übernommenen menschheitlichen Befreiungsdrang – sichtbar im Sieg des Guten und im Triumph des Volkes in seinen Stücken – regte vor dem Hintergrund der Herausbildung bürgerlich-kapitalistischer Nationalstaaten im 19. Jahrhundert national akzentuierte Opernwerke von Michail Glinka, Bedřich Smetana, Ferenc Erkel, Stanisław Moniuszko an. Und selbst im 20. Jahrhundert blieb – bei Igor Strawinsky, Paul Hindemith oder Günter Kochan etwa – das Vorbild Webers unvergessen, indem ihm die Genannten durch Verarbeitungen seiner Themen und Melodien in sinfonischen Werken huldigten.
„Dieser Mann glänzt nicht allein als geistvoller, feuriger Compositeur, sondern hat auch im ganzen Umfange der Kunst, Poesie und Literatur die ausgebreitetsten Kenntnisse und zeichnet sich dadurch vor den meisten musikalischen Künstlern aus." So charakterisierte Carl Graf von Brühl, der große Gönner Webers, 1815 die Vielfalt der Begabung des Komponisten, der zugleich Dichter, Musikschriftsteller und -kritiker, Kulturpolitiker, Ästhetiker, Dramaturg, Regisseur, Theaterleiter, einer der brillantesten Pianisten seiner Zeit und der erste Dirigent modernen Typs war, der den Taktstock in Oper und Konzert eingeführt hat. Weber besaß die für einen Komponisten seltene Gabe, als ausübender Musiker und praxisbezogener Theoretiker zugleich Wegbereiter zu sein.
Nicht zuletzt darf man in Carl Maria von Weber den ersten überragenden Repräsentanten, eine der Schlüsselfiguren jener musikalischen Schaffenseinstellung sehen, die für sich zur Bezeichnung ihres Wesens das Wort „Romantik" gebrauchte.
Angesichts der Tatsache, daß die Französische Revolution von 1789 nicht Freiheit, Gleichheit und Brüderlichkeit durchgesetzt, sondern sich in der Restaurationsperiode nach dem Wiener Kongreß von 1815 die antagonistischen Klassenwidersprüche und damit auch die Widersprüche zwischen künstlerischem Streben und gesellschaft-

licher Realität verschärft hatten, versuchte die Romantik an Menschlichkeit zu retten, was zu retten war, indem sie die Ideale der Aufklärung den neuen realen Verhältnissen anzupassen trachtete. Poesie und Musik wurden Refugien zur Wahrung der Würde und Souveränität des Menschen. Das schöpferische Individuum trat seinen Rückzug in die subjektive Innerlichkeit an. Gleichwohl entzündete sich Kunst besonders an revolutionären Auseinandersetzungen und den wachsenden nationalen Befreiungsbewegungen. Deshalb hat die Romantik einen beträchtlichen Anteil am Befreiungskampf der Völker. In ihr poetisches Weltverständnis war – zur Läuterung durch Selbstbesinnung – verstärktes Naturerleben eingeschlossen und darin zugleich das einfache Volk.
In solchem Sinne war Weber Romantiker. Er hat die musikalische Romantik recht eigentlich mitbegründet. Da die Befreiungsbewegungen in den europäischen Nationen zu verschiedener Zeit reiften, bewirkten die von seinem Werk ausgehenden Impulse zu den verschiedensten Zeitpunkten und unter verschiedensten Bedingungen entsprechende Ergebnisse. Interessant ist, daß er die Musik zu „*Preciosa*" – einem spanischen Sujet – komponierte, als die spanische Befreiungsbewegung einen Aufschwung erlebte; auch die vielen Einflüsse aus der Musik anderer Völker, die sich bei ihm finden, gehören in diesen Zusammenhang.

Franz Anton von Weber, der Vater des Komponisten. Ölgemälde

Weber, dem als Mensch und Künstler die Liebe und Achtung seiner Zeitgenossen galt, klammerte sich nicht wie der 16 Jahre ältere Beethoven, der ein Jahr später als er starb, zeitlebens an hehre Menschheitsideale, sondern versuchte zurechtzukommen mit den Gegebenheiten in der Bürgerwelt seiner Zeit, von der er erkennen mußte, daß sie immer weniger hielt, was sie einmal verheißen hatte. In dieser Überzeugung traf er sich mit Beethoven, dessen Wirklichkeitsbeziehung und künstlerische Reflexion sich ansonsten durchaus von der seinen unterschied, wenn auch für das Schaffen beider die – auf verschiedenen Ebenen angesiedelte – poetische Idee, die einprägsame Programmatik charakteristisch war. Zu Recht stellte Gerd Schönfelder fest: „Im Tribut an das Virtuosentum nährte Weber die daran geknüpften Vorstellungen des freien, unabhängigen Individuums. In seinen Opern führte er Entwürfe von Ausbrüchen des Individuums ins Phantastische vor, als Zuflucht zur Souveränität. In Wald und Volk rückte er das Natürliche, das Gute vor das Bewußtsein als Gegenvorschlag zu den unnatürlichen, deformativen Zwängen der gesellschaftlichen Realität. Nichtsdestoweniger war seine Kunst romantisch. Nur läßt sich eben auch der romantische Musikbegriff nicht auf Naturliebe, verminderten Akkord, Volkslied und Klarinette einschränken ...
Webers Musik ist von glühendem Patriotismus durchpulst, der sich in heroisch-leidenschaftlichen wie empfindsamen Tönen gleichermaßen kundtut. In diesem weit gespannten Bogen musikalischen Ausdrucks sind die Gestaltungen vitalen Volkslebens in Freude und Leid, im Glauben an die eigene Kraft, im naiven Erleben der poetischen Wunderwelt der Märchen und Sagen der Heimat, in andächtiger Versunkenheit unter Sternennächten, im Jubelsang beim Sieg des Guten über das Böse, beim Triumph der Liebe und Treue über feindliche Mächte und Verrat, im begeisterten Freiheitsgesang ebenso einbegriffen wie die brennende Sehnsucht nach einer heilen äußeren und gefühlsreichen Innenwelt."

Kindheit und Jugend

„Ich bin den 18. Dezember 1786 zu Eutin im Holsteinischen geboren. Ich genoß der sorgfältigsten Erziehung mit besonderer Vorliebe für die schönen Künste, da mein Vater selbst ausgezeichnet Violine spielte. Die eingezogene Weise, in der meine Familie lebte, der stete Umgang mit erwachsenen gebildeten Menschen, die ängstliche Vorsicht, mir keine andere verwildernde Jugendgesellschaft

zuzulassen, lehrten mich früh, mehr in mir selbst und der Phantasiewelt zu leben und in ihr meine Beschäftigung und mein Glück zu suchen. Malerei und Musik teilten sich hauptsächlich in meine Zeit. Von ersterer versuchte ich mit Glück mehrere Zweige zu pflegen; ich malte in Öl, Miniatur, Pastell und wußte auch die Radiernadel zu führen. Doch unwillkürlich entschlummerte diese Beschäftigung, und die Musik verdrängte, meiner selbst unbewußt, die Schwester endlich gänzlich."

Mit diesem Anfang seiner autobiographischen Skizze von 1818 hat Weber selbst zur Unklarheit über sein genaues Geburtsdatum beigetragen. Im Taufregister des Kirchenbuches von Eutin ist vermerkt, daß am 20. November 1786 Carl Maria Friedrich Ernst von Weber getauft wurde, Sohn des Kapellmeisters Franz Anton von Weber und dessen Ehefrau Genovefa geb. Brenner. So war also der 18. oder 19. November sein Geburtstag. In späteren Jahren entschied sich Weber für das letztere Datum, da es mit dem Geburtstag seiner Frau zusammenfiel.

Obwohl Eutin, das „nordische Weimar", der Geburtsort war, ist seine Herkunft süddeutsch, schwäbisch-alemannisch, hinzu kamen auch etliche Tropfen französischen Blutes. Seine Vorfahren waren Bauern, Handwerker, Jäger, Müller, Amtmänner. Das Adelsprädikat legte sich Webers Vater Franz Anton in seinem Geltungsbedürfnis, in seiner Eitelkeit und Titelsucht selber zu. 1797 titulierte er sich in Salzburg als „Major F. A. Baron von Weber", später liebte er es, als Freiherr und Kammerherr aufzutreten. Carl Maria jedenfalls hat niemals betont, von adliger Herkunft zu sein oder gar auf Grund seines Namens besondere Privilegien genossen. Weder sein Großvater Fridolin noch sein Onkel Fridolin, der Bruder seines Vaters, haben übrigens ihre Briefe mit „von" unterzeichnet. Mozarts Frau Constanze, die Kusine Carl Marias, nannte sich wie ihre Schwestern Josepha, Aloysia und Sophie ebenfalls nur schlicht Weber.

Franz Anton von Weber (1734–1812) war zunächst wie sein Vater und Bruder Amtmann, nachdem er als Leutnant aus dem Siebenjährigen Krieg gekommen war. Seine Leidenschaft für die Musik – er spielte Violine und Kontrabaß, hatte auch kurzzeitig in der Mannheimer Hofkapelle gewirkt – ließ ihn sein Amt vernachlässigen, aus dem er 1767 entlassen wurde. Über Hildesheim gelangte er nach Lübeck, wo er sich als Komponist vorstellte und als Musikdirektor der Stöfflerschen Theatergesellschaft angestellt wurde. Ein Jahr später, 1779, avancierte er zum Kapellmeister der fürstbischöflichen Kapelle in Eutin. Hier starb 1783 seine erste Frau, Maria Anna Fu-

Genovefa von Weber geb. Brenner, die Mutter des Komponisten. Miniatur

metti, und ließ den inzwischen auf eine bescheidene Pension Gesetzten mit fünf Kindern zurück. Zwei von ihnen, die Söhne Fridolin (1761–1833) und Franz Edmund (1766–1828), brachte der Reise- und Abenteuerlustige 1784 zu Joseph Haydn nach Wien, der sie zu tüchtigen Musikern ausbildete. Bei dieser Gelegenheit lernte er seine zweite Frau Genovefa Brenner (1764–1798) kennen, die künftige Mutter Carl Marias, die damals in Wien Gesangsunterricht nahm. Trotz des Altersunterschiedes von 30 Jahren zwischen den beiden wurde am 20. August 1785 in Wien die Ehe geschlossen.

Nach Eutin zurückgekehrt, fand der inzwischen stark verschuldete Franz Anton eine recht unbedeutende Stellung als Stadtmusikus. Differenzen mit dem Magistrat und der Bürgerschaft bewogen ihn jedoch, vorzeitig sein Dienstverhältnis aufzuheben. Ein halbes Jahr nach der Geburt Carl Marias, eines überaus zarten und kränklichen Kindes, das der großsprecherische Vater zu einem musikalischen Wunderkind nach Mozarts Muster heranziehen wollte, verließ er mit seiner Familie das abgelegene Eutin, das seinen hochfliegenden Plänen ohnehin längst im Wege gestanden hatte. In Hamburg gründete er aus den zahlreichen Familienmitgliedern, darunter die Kinder aus erster Ehe Fridolin, Edmund und Josepha, seine Schwester Adelheid, seine Frau Genovefa, eine Schwiegertochter und er selbst, die „von Webersche Schauspielergesellschaft" und begab sich mit dieser auf Wanderschaft. Genovefas in italienischer Schule ausgebildetes Gesangstalent befähigte sie, 1794 auf Goethes Weimarer Bühne zu gastieren.
Die Webersche Theatertruppe reiste kreuz und quer durch Deutschland und trat nachgewiesenermaßen in Wien, Kassel, Meiningen und Nürnberg auf. Man spielte u. a. Stücke von Iffland und Kotzebue, doch auch Opern und Singspiele von Haydn, Mozart, Dittersdorf, Johann Adam Hiller, Christian Gottlob Neefe, Giovanni Paisiello, Georg Benda. Carl Maria bekam als Sechsjähriger ersten Kontakt mit dem Theater, als er in Nürnberg in einer „Hamlet"-Bearbeitung in der Rolle des Pagen auftrat. Er mußte fortan auch in Singspielen mitwirken, so in der „Zauberflöte" als einer der Knaben. Diese frühe Berührung mit dem musikalischen Theaterwesen, die ihm seine Kindheit auf dem Thespiskarren bot, hat ihn selbst bei unzulänglichsten Darbietungen aufs lebhafteste beeindruckt und seine spätere Tätigkeit als Theatermann, Kapellmeister und Opernkomponist nachhaltig befruchtet. Obwohl sich das väterliche Unternehmen finanziell kaum trug, war Franz Anton mehr als ein Jahrzehnt lang nicht zu bewegen, das unstete Wanderleben zugunsten seiner kränklichen Frau oder der Entwicklung seiner Kinder aufzugeben.
Carl Maria hatte infolge eines angeborenen, sich nie verlierenden Hüftleidens, das ihm bereits im Kindesalter Schmerzen bereitete und ihn zeitlebens zu lahmendem Gang zwang, erst mit vier Jahren selbständig gehen gelernt. Ersten sporadischen Musikunterricht erteilten ihm der Vater und sein Halbbruder Fridolin. Als eine Erkrankung der Mutter 1796/97 einen längeren Aufenthalt in Hildburghausen notwendig machte, erhielt der Zehnjährige endlich eine methodische Ausbildung in Klavierspiel und Tonsatz durch den

jungen Kammermusiker Johann Peter Heuschkel von der Meininger Hofkapelle. ,,*Den wahren, besten Grund zur kräftigen, deutlichen und charaktervollen Spielart auf dem Klavier und gleicher Ausbildung beider Hände habe ich dem braven, strengen und eifrigen Heuschkel in Hildburghausen zu verdanken*", äußerte er später in seiner Autobiographie, aus der wir über den Fortgang seiner Studien noch Folgendes erfahren: ,,*Sowie mein Vater die allmähliche Entwicklung meines Talentes sah, sorgte er mit der liebevollsten Aufopferung für dessen Ausbildung. Er brachte mich nach Salzburg zu Michael Haydn. Der ernste Mann stand dem Kinde noch zu fern, ich lernte wenig bei ihm und mit großer Anstrengung. Hier ließ mein Vater zu meiner Aufmunterung 1798 mein erstes Werk, Sechs Fughetten, drucken, die freundlich in der musikalischen Zeitung* (gemeint ist die von Johann Friedrich Rochlitz herausgegebene ,,Allgemeine Musikalische Zeitung") *angezeigt wurden.*"
Weber scheint die Bedeutung des Unterrichts bei Joseph Haydns jüngerem Bruder, Hof- und Domorganist in Salzburg, der übrigens als erster A-cappella-Kompositionen für Männerstimmen schrieb und den Elfjährigen unentgeltlich in Klavier, Kontrapunkt und Gesang unterwies, etwas unterschätzt zu haben. Doch sprach die Wahl gerade dieses Lehrers durchaus für Franz Antons pädagogisches Gespür, nicht nur für seinen zweifellos ausgeprägten Ehrgeiz, aus seinem Jungen das Beste herausholen zu wollen. Was man alles diesem genialischen Mann mit seiner abenteuerlichen, triebhaft-

Webers Geburtshaus in Eutin. Zeitgenössischer Stich

Michael Haydn. Lithographie von Franz Eybl

unsteten, ja sittenlosen und manchmal die Grenzen zur Kriminalität überschreitenden Lebensführung auch alles vorwerfen mag, seinem Sohn Carl Maria hat er nicht nur seine Rastlosigkeit, seinen Wandertrieb, sondern vor allem die Liebe zur Musik und zum Theater wie auch Selbstbewußtsein, Phantasiereichtum und ungewöhnliche Tatkraft vererbt. Das erstaunliche Durchhaltevermögen des Vaters selbst in ausweglosen finanziellen, beruflichen und familiären Situationen hat gewiß dazu beigetragen, daß sein Sohn die Schwierigkeiten seines späteren Lebens mit großer Zielstrebigkeit überwand.

Die Salzburger Monate fanden ein jähes Ende, als am 13. März 1798 Genovefa von Weber nach langem Krankenlager an der Schwindsucht verstarb, an derselben Krankheit, der auch Carl Maria erliegen sollte. Die bis dahin schon nicht eben geregelte Erziehung der Kinder übernahm nun Franz Antons Schwester Adelheid. Nach dem Tod der Mutter löste sich das Webersche Wanderbühnenunternehmen auf. Zu Ende des gleichen Jahres übersiedelte die Familie nach München, nachdem sich der Plan, in Wien Joseph Haydn als Lehrer für Carl Maria zu gewinnen, zerschlug.

München besaß eine anregende künstlerische Atmosphäre, seit der kunstliebende Kurfürst Karl Theodor die Stadt an Stelle von Mannheim zur Residenz erkoren und seine berühmte Kapelle mitgebracht hatte. Hier wurde in dem späteren Hoforganisten Johann Nepomuk Kalcher ein neuer Lehrer für Carl Maria gefunden, der dessen theoretische Elementarausbildung zu einem gewissen Abschluß brachte, ihm die „*Herrschaft und Gewandtheit im Gebrauch der Kunstmittel, vorzüglich in bezug auf den reinen vierstimmigen Satz*" verschaffte. Bei dem weitgereisten und einst von Mozart geschätzten Tenor Johann Evangelist Wallishauer, genannt Valesi, erhielt er Gesangsunterricht und wurde in die Praxis des italienischen Bühnengesangs, des Belcanto, eingeführt. So war es kein Wunder, daß neben ersten Instrumentalkompositionen wie Klaviervariationen, mit denen der Vater alsbald Geschäfte zu machen begann, schon ein erster Opernplan realisiert wurde: „*Die Macht der Liebe und des Weines*". Doch ist diese Arbeit wie auch andere Stücke aus der Münchner Studienzeit verschollen.

Nachdem der Vater in München dem Erfinder des Steindrucks, Aloys Senefelder, begegnet war, mußte Carl Maria, der ja auch zeichnerisches Talent besaß, in dessen Werkstatt lithographieren lernen. Franz Anton witterte in dem neuen Verfahren nämlich eine Chance, daß der Sohn künftig seine Werke selbst drucken und verlegen könnte. In Freiberg in Sachsen glaubte Vater Weber eine Konkurrenzanstalt zu Senefelders Werkstatt eröffnen zu können, die er als „Offizin für den noch wenig bekannten Stein-Notendruck" ankündigte. Doch es wurde nichts daraus, da der vierzehnjährige Carl Maria nun seine eigentliche Bestimmung für die Musik entdeckte, der zuliebe er alle bisherige Beschäftigung mit Malen, Zeichnen, Kupferstechen und Lithographieren einstellte. Dafür

Freiberger Stadttheater. Aquarell von Carl August Müller (1879)

komponierte er eine „romantisch-komische" Oper, richtiger ein Singspiel, „*Das Waldmädchen*", auf ein Libretto des Freiberger Opernprinzipals Ritter Karl von Steinsberg, dessen Aufführung im heute noch bestehenden Freiberger Theater am 24. November 1800 der Vater trotz mancher Schwierigkeiten durchsetzte. Angesichts einer ablehnenden Zeitungskritik dieser Talentprobe seines Sohnes, den er als Wunderkind herausgestellt hatte und übrigens auch zum Baron avancieren ließ, verstieg sich Franz Anton zu maßloser Polemik, so daß man schon im Frühjahr 1801 Freiberg den Rücken kehren mußte. Vom „*Waldmädchen*" haben sich nur zwei Gesangsnummern erhalten.

Zum zweiten Mal wählten die Webers nun Salzburg zu ihrem Aufenthaltsort (1801/02). Unter den Augen Michael Haydns, der wieder die Mentorschaft über Carl Maria übernahm, wurde u. a. eine schon bei Kalcher begonnene *Messe in Es-Dur* und eine neue Oper „*Peter Schmoll und seine Nachbarn*" vollendet. „Daß diese Oper mannhaft und vollkommen nach den wahren Regeln des Kontrapunkts bearbeitet, mit vielem Feuer und mit Delikatesse komponiert sey", attestierte der Lehrer dem jungen Komponisten, der auf musikalische Gedanken aus diesem frühreifen Werk später häufig zurückgriff. Die Ouvertüre begleitete ihn unter wechselnden Titeln sein ganzes Leben. Die Uraufführung des Stückes im März 1803 in Augsburg hatte „*keinen sonderlichen Erfolg*". Der Dialog, wie das gesamte Textbuch von dem Salzburger Joseph Türke stammend, der den gleichnamigen Roman Carl Gottlob Cramers dramatisiert hatte, ist verlorengegangen. Eine rekonstruierte Fassung des Werkes wurde übrigens 1943 durch das Ensemble der Dresdner Staatsoper im Freiberger Stadttheater vorgestellt, in dem einst zum erstenmal ein Webersches Opernwerk erklungen war.

Noch in Salzburg schloß Carl Maria eine schwärmerische Freundschaft mit Ignaz Susann, einem sich sein Geld als Flötist verdienenden Jurastudenten, der ihn in seinen literarischen Neigungen bestärkte. Der zwischen den jungen Leuten entstehende Briefwechsel ist biographisch-psychologisch überaus aufschlußreich. Nachdem Michael Haydn seinen „lieben Zögling", der „ein ganz ausgezeichnet starker Klavierspieler dieser Zeit sei", „der ganzen musikalischen Welt zur besten Aufnahme" empfohlen hatte, begaben sich Vater und Sohn alsbald wieder auf Reisen, zunächst nach Norddeutschland. In Eutin gewann Carl Maria die Freundschaft von Johann Heinrich Voß, dem Haupt der norddeutsch-protestantischen Aufklärung, in Hamburg komponierte er sein erstes Lied „*Die Kerze*" nach einem Gedicht von Matthisson. Immer deut-

Georg Joseph Vogler.
Zeichnung
von H. E. v. Winter

licher fühlte er jedoch, daß er weiterer kompositorischer Ausbildung bedurfte, und war daher glücklich, als die oft geplante Übersiedlung nach Wien im September 1803 Wirklichkeit wurde. „*Hier lernte ich*" – heißt es in der autobiographischen Skizze – „*nebst dem Umgange der bedeutendsten Künstler, des unvergeßlichen Vater Haydn usw., den Abt Vogler kennen, der mit der Liebe, die jedem wirklich großen Geiste eigen ist, und mit der reinsten Hingebung den Schatz seines Wissens vor mir aufschloß. Auf Voglers Rat gab ich, nicht ohne schwere Entsagung, das Ausarbeiten größerer Dinge auf und widmete beinahe zwei Jahre dem emsigsten Studium der verschiedenartigsten Werke großer Meister, deren Bau, Ideenführung und Mittelbenutzung wir gemeinschaftlich zergliederten und ich in einzelnen Studien zu erreichen und in mir klarzumachen suchte. Öffentlich erschien in dieser Zeit nichts von mir als ein paar Werkchen Variationen und der Klavierauszug der Voglerschen Oper ‚Samori'.*"
Der von Weber verehrte und bewunderte Georg Joseph Vogler, genannt Abbé Vogler, spielte eine wichtige Rolle in seinem Leben.

Johann Baptist Gänsbacher. Kupferstich

Einst Schüler von Mozarts Lehrer Padre Martini in Bologna, hatte er auch Theologie studiert und die Priesterweihe empfangen. Gerade war er, halb Genie, halb Scharlatan, von Schikaneder als Komponist des Theaters an der Wien engagiert worden, nachdem ihn seine außerordentlich bewegte Karriere als Orgelvirtuose und -bauer, als Komponist, Kapellmeister, Pädagoge, Theoretiker und Musikorganisator durch viele Länder Europas, ja sogar nach Afrika geführt hatte. Er reiste vielfach mit einem „Orchestrion", einer Art Portativ (tragbare Orgel), worauf er seine Zuhörer durch spektakuläre „naturalistische" Improvisationen von Schlachten, Gewittern und Seestürmen in Erstaunen versetzte. Zur Illustrierung etwa des Sturzes der Mauern von Jericho drückte er „mit beiden Armen so viele Tasten nieder, als er erreichen konnte". Auch erfand er ein „Simplifikationssystem", das den Bau von Orgeln verbilligen sollte.
Dieser originelle und anregende Mann verkörperte den rationalistischen Zug der Aufklärung. Weber dankte ihm, der ihn auf den Wert der Volksmusik auch fremder Nationen hingewiesen hatte, seine Achtung vor der Kunst anderer Völker. Voglers Tonmalereien dürften den „*Freischütz*"-Komponisten ferner zur Bildkräftigkeit, zur bildhaften Anschaulichkeit seiner Tonsprache angeregt haben. Allerdings übertrug sich damals auch des Lehrers feindliche Ein-

C. M. v. Weber.
Stich von Johann Neidl nach dem Gemälde von Josef Lang (1804)

stellung zu Beethoven auf seinen Schüler, spielte dieser doch gerade seine Oper „Samori" gegen den im Entstehen begriffenen „Fidelio" aus. Webers Haltung zu Beethoven ist später in aufrichtige Bewunderung umgeschlagen.
Während seiner Aufenthalte in München, Salzburg und Wien hat der junge Musiker, leidenschaftlicher Theatermensch, der er war, jede Gelegenheit wahrgenommen, das zeitgenössische Opernrepertoire der Bühnen kennenzulernen und kritisch einzuschätzen. Dabei erwarb er Kenntnisse, die ihm bei seiner späteren Tätigkeit von großem Nutzen waren. In Wien kamen ausgeprägter als zuvor auch Begegnungen mit dem reichhaltigen Konzertleben hinzu. Weber lernte Antonio Salieri, Joseph Haydn, Adalbert Gyrowetz, Paul Wranitzky, der 1789 mit seinem „Oberon" die erste deutsche „Geisteroper" komponiert hatte, kennen und bewegte sich in den Salons der Wiener Gesellschaft so gewandt, wie er in Kneipen ausgelassen sein konnte, in denen er in fröhlicher Gesellschaft, vor allem in der Johann Baptist Gänsbachers, eines neugewonnenen Freundes aus dem Schülerkreis Voglers, so manche Nacht durchzechte. Der Vater hielt sich nämlich geschäftlich außerhalb Wiens auf und hatte seinen Sohn erstmals für längere Zeit allein gelassen. Der siebzehnjährige Carl Maria gewann in diesem Wiener Jahr Eindrücke, die

ihm bis dahin verschlossen geblieben waren und über die er seinem Salzburger Freunde Susann eifrig berichtete. Die Freundschaft mit dem acht Jahre älteren Gänsbacher hielt bis zum Tode Webers. Gewiß hat der glühende Patriot, der sich später an den Freiheitskämpfen unter Andreas Hofer beteiligte, seine Begeisterung für die nationale Freiheit auch auf Weber übertragen können, der ihn „*unseren musikalischen Körner*" nannte. Vogler empfahl übrigens seine Schüler Gänsbacher und Weber für die Stellung eines Opernkapellmeisters am Breslauer Theater. Da Gänsbacher den Posten nicht annehmen wollte, wurde Carl Maria von Weber – noch nicht einmal 18 Jahre alt – die Kapellmeisterstelle in Breslau zugesprochen. Im Sommer 1804 reiste er mit dem Vater an die Stätte seines künftigen Wirkens.

Kapellmeister und Geheimer Sekretär

Mit der ihm eigenen Konsequenz und mit großem Eifer führte der junge Feuerkopf sein erstes Amt, das ihm in 22 Monaten reiche Praxiserfahrung als Orchester- und Opernleiter brachte. Freilich, Reformen und einige unpopuläre Maßnahmen, die er sogleich rigoros durchzusetzen versuchte, machten das ganze Theaterpersonal zu seinem Feind. Um einen möglichst homogenen Klang zu erhalten, veränderte er die bisherige Sitzordnung des Orchesters, indem er die Streicher vor die Bläser postierte. Er führte ein detailliertes System von Einzel-, Ensemble-, Sitz-, Haupt- und Generalproben ein, wie es heute selbstverständlich praktiziert wird, und kümmerte sich auch um die szenische Wiedergabe, um Dekorationen, Maschinerie, Beleuchtung. Außerdem forderte er personelle Veränderungen in Ensemble und Orchester, um die erhöhten künstlerischen Ansprüche seiner Spielplangestaltung besser verwirklichen zu können. Immerhin begann er seine Tätigkeit mit Mozarts „La Clemenza di Tito" und ließ bald „Don Giovanni" und „Così fan tutte" folgen. Überhaupt bemühte er sich, das klassische Repertoire zu erweitern und dafür sogenannte „Kassenfüller" wie Ferdinand Kauers „Donauweibchen" u. a. zurückzudrängen. In diesem Punkte legte er sich sogar mit der Direktion des Theaters und dem Publikum an. Der Widerstand, der seinen Neuerungen entgegengebracht wurde, wuchs immer mehr. Seine Strenge gegenüber Sängern und Musikern war gefürchtet.
Webers hochfliegende Pläne stießen bald an die materiellen Grenzen der damaligen Breslauer Theaterverhältnisse, und es bedurfte

nur noch eines persönlichen Unglücksfalles, um seinen Abschied zu beschleunigen. Eine Vergiftung, verursacht durch die Unvorsichtigkeit des Vaters, warf ihn zwei Monate auf das Krankenlager. Während dieser Zeit aber waren seine Widersacher übermächtig geworden, so daß er im Juni 1806 um seine Entlassung nachkam. Von Schulden bedrückt und von den Gläubigern bedrängt, suchte er nun durch Stundengeben notdürftig seinen Lebensunterhalt zu verdienen. Mit Freunden, die er unter den Musikern der Stadt fand, hatte er nämlich das „Wiener Nachtleben" in Breslau fortgesetzt, nach dem Wahlspruch „Wein, Weib und Gesang" gelebt und sich als Kavalier recht großzügig auch in Gelddingen gezeigt. Außerdem lagen ihm der allezeit fehlspekulierende Vater und dessen Schwester Adelheid auf der Tasche. (Die in der Breslauer Zeit beginnende und immer weiter anwachsende Verschuldung konnte erst 1819 getilgt werden.)
Über eine Schülerin, die Ehrendame der Herzogin von Württemberg war, ein Fräulein von Belonde, knüpften sich – in höchster Not – Beziehungen zu dem kunstsinnigen Herzog Eugen Friedrich Heinrich von Württemberg-Öls, der sich im schlesischen Carlsruhe bei Brieg nach dem Vorbild von Weimar einen idyllischen Musensitz geschaffen hatte. Hier hielt er sich ein kleines Orchester für Oper und Konzert, in dem er, der auch selbst komponierte, die Oboe blies. Auf Webers Bitte ernannte ihn der Herzog zu seinem

Schloß Carlsruhe (bei Brieg in Oberschlesien)

Musik-Intendanten, was jedoch keiner festen Anstellung gleichkam, und lud ihn als seinen Gast, gleichzeitig dem Vater und der Tante Obdach gewährend, in sein Schloß ein. Hier konnte der Zwanzigjährige vom Spätsommer 1806 ab einige Monate lang ein sorgenfreies Leben führen und etliche Werke für die leistungsfähige Kapelle des Herzogs komponieren. Die „*vielen Dienstgeschäfte*" hatten ihm in Breslau kaum Zeit zu schöpferischer Arbeit gelassen. Dort war lediglich das Fragment einer Oper „*Rübezahl*" (nach einem Text seines Theaterdirektors und Dramaturgen Johann Gottlieb Rhode, eines Freundes von Lessing) entstanden. Die Ouvertüre erschien 1811 in umgearbeiteter Form unter dem Titel „*Beherrscher der Geister*".

Die Kompositionen aus der Carlsruher Zeit, in der Weber in der waldreichen Umgebung des Schlosses erstmalig das Leben der Jäger, Bauern, Holzvögte und Schäfer, also die „*Freischütz*"-Atmosphäre, kennenlernen konnte, verdienen Aufmerksamkeit, insbesondere die beiden Sinfonien in C-Dur, die neben Anknüpfungen an Haydn und Mozart schon Eigenheiten des künftigen Instrumental- und Opernkomponisten ankündigen: seine schlichte, ungekünstelte Melodik und feurige, tänzerische Rhythmik, die Auflösung sonatensatzmäßiger Durchführungsarbeit zugunsten rhapsodisch-lockerer Reihung der Gedanken bei (leit)motivischen Beziehungen, die den dramaturgisch-szenisch denkenden Komponisten erkennen lassen. Auch die Instrumentation – mit besonderem Einsatz der Hörner und der Holzbläser (die Klarinette war freilich in der Kapelle nicht besetzt) – besitzt schon Webersche Transparenz. Den ersten Satz der *1. Sinfonie op. 19* bezeichnete der Komponist selbst als „*tollen Phantasiesatz, im Ouvertürenstil, in abgerissenen Sätzen*", im Andante sind Vorausnahmen der „*Freischütz*"-Harmonik und der „Agathe"-Kantilenen unüberhörbar. Dem Hornisten des Orchesters namens Dautrevaux, der zugleich Sekretär des Herzogs war, wurde ein später in München als op. 45 umgearbeitetes *Concertino* gewidmet. Auch mit *Klavier-Variationen op. 7* (über die Arie „Vien quà, Dorina bella" von Francesco Bianchi), die der Brillanz und Gedankenfülle seiner späteren Werke dieser Gattung durchaus nicht nachstehen, deutete sich an, daß der junge Komponist allmählich zu schöpferischer Eigenart gelangte.

Als die vorrückenden napoleonischen Truppen auch Schlesien erreichten, war das Carlsruher Idyll, obwohl die herzogliche Kapelle erst 1809 aufgelöst wurde, für Weber jäh zu Ende. Am 23. Februar 1807 reiste der völlig Mittellose ab und gelangte auf einer schnell organisierten „Kunstreise", in der Hauptsache konzertierend, über

Stuttgart um 1808. Nach einer kolorierten Federzeichnung

zahlreiche kriegsbeunruhigte Städte nach Stuttgart, wo er am 17. Juli 1807 eintraf, an dem Ort, in dem „er die schwersten Stunden seines ganzen Lebens überstehen, viel durch Leichtsinn verdientes Ungemach und noch mehr durch tyrannische Schroffheit leiden, wo endlich sein inneres Leben eine neue Wendung nehmen und der Jüngling zum Manne reifen sollte", wie Max Maria von Weber in seiner Biographie des Vaters schrieb.

Von Herzog Eugen an dessen Bruder, Ludwig Friedrich Alexander von Württemberg, empfohlen, der einen Privatsekretär benötigte, mußte Weber, wie er in seiner autobiographischen Skizze anmerkte, eine Zeitlang der Kunst entsagen, obwohl er auch den Prinzessinnen Klavierunterricht zu erteilen und dafür Klavierkompositionen (mit französischen Überschriften) zu liefern hatte. Als „Geheimer Sekretär" hatte er jedoch vorrangig die Privatkorrespondenz, die „Buchhaltung" des Herzogs zu führen und bei dessen königlichem Bruder, Friedrich I. von Württemberg, dessen Stuttgarter Hof Versailles nacheiferte, Geld zu leihen. (Dem König war sein Titel übrigens von Napoleon verliehen worden.) Im Auftreiben von Geld und dem Hinhalten der Gläubiger bestand wohl Webers Hauptbeschäftigung, damit der leichtsinnige Brotherr seinen Leidenschaften frönen konnte. Die dabei erforderlichen, oft heiklen Manipulationen, die sich nicht selten in der Nähe von Betrug oder Unterschlagung bewegten, waren für den keineswegs schon charakterlich gefestigten jungen Mann recht gefährlich, zumal er sich, in

Franz Danzi. Zeichnung von H. E. v. Winter. Kupferstich

Opposition zu seiner bürokratischen Tätigkeit befindend, bedenkenlos in das verschwenderische Hofleben stürzte, sich ein Reitpferd und sogar einen Knecht hielt und bei keiner gesellschaftlichen Vergnügung fehlte. Hier belustigte er sich mit den Kavalieren des Hofes, dort mit den Künstlern des Theaters. Er war ein überall willkommener, charmanter Unterhalter, der es unnachahmlich verstand, mit oder ohne Gitarre, seine übermütigen oder auch zärtlichen Lieder vorzutragen. Da er sich außerdem wieder einmal heftig verliebt hatte, in die hübsche und kokette Opernsängerin Margarethe Lang, für die er die virtuose *Grande Polonaise op. 21* komponierte, entstanden natürlich etliche Lieder als Ausdruck seiner Gefühle für die junge Dame.

Den Zugang zu den Theaterkreisen verschaffte Weber sein hochangesehener Freund Franz Danzi, Hofkapellmeister und Komponist, wie er ein Schüler Voglers, und derjenige unter seinen Stuttgarter Künstlerfreunden, der ihn künstlerisch am stärksten anregte und menschlich läuternd auf ihn einwirkte. Der vielseitig Gebildete machte den 23 Jahre Jüngeren mit der Kantschen und Schellingschen Philosophie bekannt, wies ihn auf die Errungenschaften der Mannheimer Komponistenschule hin und gewann auch als Opernkomponist, die Linie der deutschen Oper von Anton Schweitzer und Ignaz

Holzbauer fortsetzend, Einfluß auf das Schaffen seines jungen Freundes, der ihm in seinem Fragment gebliebenen Roman „*Tonkünstlers Leben*“ ein Denkmal setzte. Webers Stuttgarter Freundeskreis, dem außer Musikern Dichter und Maler angehörten, schloß sich in einer Art Geheimbund zusammen. „Faust's Höllenfahrt“ nannte sich diese Vereinigung, und jedes Mitglied besaß einen Spitznamen (Weber hieß „Krautsalat“, Danzi „Rapunzel“).
Den Ausgleich zu seinem unruhigen Leben als „Cavalier“ in Stuttgart suchte und fand Weber in seiner schöpferischen Arbeit. Auf diesem Gebiet entsagte er – entgegen seiner Feststellung – der Kunst durchaus nicht, sondern schuf Theatermusiken (darunter zu Schillers „Turandot“ nach Gozzi), Klavierwerke (hervorgehoben sei noch das *Momento capriccioso op. 12*), Kammermusiken (vor allem das *Klavierquartett B-Dur*), die melodramatische Kantate „*Der erste Ton*“ *op. 14*, die – auf einen Text von Johann Friedrich Rochlitz – die Schöpfungsgeschichte behandelt, sowie die Oper „*Silvana*“ (1808/10). Deren Libretto stammte von dem Stuttgarter Schriftsteller Franz Carl Hiemer, der in der Tafelrunde der Freunde den Spitznamen „Reimwol“ trug und hier das Sujet des in Freiberg „durchgefallenen“ „*Waldmädchens*“ wieder aufgriff. Ob Weber –

C. M. v. Weber: „Der erste Ton“. Titelblatt des Erstdruckes

mit Ausnahme der Ouvertüre – wesentliche Teile seiner Jugendkomposition dabei verwendete, kann nicht gesagt werden. Daß er sich jedoch erneut diesem Stoff von dem stummen Mädchen, das durch die Liebe die Sprache erhält, zuwandte, belegt seine Vorliebe für ritterliche Waldromantik, die sich bis zur „*Euryanthe*" fortsetzte. In den Wald- und Jagdszenen des Stückes kündigte sich bereits der „*Freischütz*" an.
Zur Aufführung der „*Silvana*" kam es jedoch in Stuttgart nicht mehr. Am 9. Februar 1810 wurde Weber verhaftet. Was war geschehen? Der Stuttgarter Lebensstil hatte seinen Schuldenberg enorm vergrößert. Die Gefahr einer Katastrophe erhöhte sich, als 1809 der ebenfalls mit Schulden beladene Vater vom Sohn in Stuttgart aufgenommen werden mußte. Zu Beginn des Jahres 1810 waren dessen Verbindlichkeiten auf 2500 Gulden angewachsen. Als „Geschäftsführer" des Herzogs in allerlei Tricks der Geldbeschaffung eingeweiht, ließ er sich zur Deckung einer durch den Vater verschuldeten Veruntreuung verleiten, von einem Gastwirt 1000 Gulden anzunehmen, wofür er sich beim König dafür einzusetzen versprach, daß dessen Sohn nicht zum Militär müsse. Der despotische König, der in Württemberg länger als in anderen deutschen Ländern die Leibeigenschaft aufrechterhielt, der rücksichtslose Rekrutenaushebungen vornahm, um für Napoleon neues Kanonenfutter zu schaffen, hatte angesichts Webers längst offenbar gewordener kritischer Position ihm gegenüber sofort die Möglichkeit genutzt, gegen Vater und Sohn vorzugehen, als jener Gastwirt Anzeige erstattete, da sein Sohn trotzdem eingezogen worden war, der Schwindel also platzte. Er suchte ohnehin schon lange einen Schuldigen für derartige Konskriptions-Unterschlagungen, die in der skrupellosen Atmosphäre seiner Hofhaltung an der Tagesordnung waren. Diese Bestechungsaffäre, in die sich Weber verwickelt sah, stürzte ihn in eine tiefe menschliche Krise. Der König selbst führte den Prozeß, in dem zumindest der Vater schwer belastet wurde und Weber selbst keine Möglichkeit hatte, die gegen ihn erhobenen Beschuldigungen zu entkräften. Um die korrupten Verhältnisse an seinem Hof nicht bloßzustellen und keine Unruhe in der Bevölkerung zu erregen, begnügte er sich, den „Fall Weber" – nach 16 Arresttagen – mit der Landesverweisung auf Lebenszeit zu beenden. Obwohl über 40 Gläubiger veranlaßten, daß Weber zum zweitenmal verhaftet wurde, gelang es ihm doch nach dem Versprechen, sämtliche Schulden nach und nach zurückzuzahlen, Württemberg zu verlassen. Am 26. Februar 1810 passierten Vater und Sohn, von einem Polizeikommissar dahin begleitet, die würt-

Die erste Seite von Webers Tagebuch (1810)

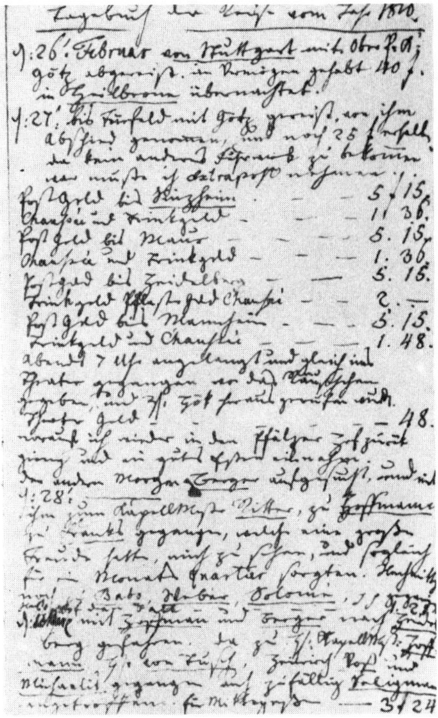

tembergisch-badische Grenze in Fürfeld bei Heilbronn. Carl Maria von Weber fühlte sich „*zum zweiten Male geboren*", wie er seinem Tagebuch anvertraute, das er an eben diesem Tag begann und bis zu seinem Tod ununterbrochen weiterführte, die Tages- und Jahresläufe, sich und seine Umgebung mit verblüffender Offenheit beobachtend.

Wanderjahre

„*Ich durchzog Deutschland nach verschiedenen Richtungen, und die Liebe, mit der ich im ganzen meine Leistungen als ausübender und dichtender Künstler aufgenommen sah, der Ernst, der ihnen bei oft heftigem Widerspruche und Anfällen doch stets geweiht wurde, ließ auch mich alle die Kraft … des festen Willens aufbieten, die allein den Menschen zum wahren Priester seiner Kunst heiligt.*" So

Gottfried Weber. Stich von Devrient nach Müller

charakterisierte Weber selbst die neue Lebensperiode der über drei Jahre – von 1810 bis 1813 – währenden unruhigen Wanderschaft, die einer Suche nach seiner Identität glich. Als innerlich Geläuterter, charakterlich Gefestigter ging er aus den Stuttgarter Unglückstagen

E. T. A. Hoffmann. Stich von Johann Passini nach dem Gemälde von Wilhelm Hensel

hervor, schwor er dem väterlichen Glücksrittertum endgültig ab und steuerte nun mit großer Tat- und Entschlußkraft auf seine künstlerischen Ziele zu. Konzertreisen waren für einen Musiker und Komponisten, der sich einen Namen machen wollte, lebenswichtig. Verwirrend geradezu ist die Zahl der nun von Weber besuchten Städte und Residenzen, der dabei geschlossenen neuen Bekanntschaften, von denen viele ihm, wie er bekannte, das Leben wieder lebenswert machten. Zwischen einigen Orten wie Mannheim und Darmstadt pendelte er, vergeblich auf Anstellung hoffend, unentschlossen hin und her. Doch die strapaziösen Reisejahre ließen ihn zu einer weithin geschätzten Künstlerpersönlichkeit werden.
Mannheim war die erste Station. Hier wurde Weber von seinem Namensvetter Gottfried, mit dem er nicht verwandt, aber dem er von Danzi empfohlen worden war, in das kulturelle Leben der Stadt eingeführt. Gottfried Weber trat uneigennützig für Carl Marias Schuldverpflichtungen ein, beherbergte sein Hab und Gut und sorgte schließlich für den immer gebrechlicher werdenden Franz Anton, der, des Wanderlebens müde, als Achtundsiebzigjähriger in Mannheim 1812 verstarb. Gottfried Weber, in Mannheim als Jurist tätig, war zugleich ein vielseitiger Musiker: Komponist, Dirigent und Musiktheoretiker. Er arrangierte Konzerte für den Freund. Doch gelang es nicht, den Mannheimer Hof ernstlich für Webers Person zu interessieren. Dafür entschädigte romantisches Schwärmen mit Gleichgesinnten in der Landschaft zwischen Mannheim und Heidelberg, wo er eine Zeitlang auf den Pfaden der literarischen Romantiker Clemens Brentano, Achim von Arnim, Eichendorff und der Gebrüder Grimm wandelte. In Heidelberg wurde er mit Gottfried Webers Schwager bekannt, dem cellospielenden Alexander von Dusch, dem er *Variationen für Violoncello und Orchester op. 20* widmete. Mit diesem zusammen lernte er an einem Sommertag des Jahres 1810 im Stift Neuburg die gerade erschienene Sagen- und Märchensammlung des „Gespensterbuches“ von Johann August Apel und Friedrich Laun kennen, dessen erste Novelle „Der Freischütz“ hieß. Man war sich schnell darüber einig, daß hier ein „superber“ Opernstoff gefunden worden war. Aber die Arbeit an einem von Dusch sofort entworfenen Szenarium wurde dann doch nicht weitergeführt.
Nächstes Ziel war Darmstadt, die Residenz des hessischen Großherzogs Ludwig I., der 1807 Abbé Vogler an seinen Hof geholt hatte. Mit einem Schüler seines alten Lehrers, dem neunzehnjährigen Berliner Bankierssohn Jakob Beer, der sich später als Komponist Giacomo Meyerbeer nannte, freundete sich Weber rasch an.

Als auch Freund Gänsbacher aus Wien hinzukam, wurden nochmals gemeinsame Unterrichtsstunden bei Vogler absolviert. Auch die frohe Geselligkeit kam natürlich in diesem Musiker- und Freundschaftsbund nicht zu kurz, aus dem heraus damals die Idee eines „Harmonischen Vereins" entstand, dessen Satzungen der Initiator Carl Maria von Weber formulierte, dem als Wortführer zugleich die Leitung übertragen wurde. Die Mitglieder – es waren nur Komponisten, Musiker und Schriftsteller mit musikalischen Kenntnissen zugelassen – legten sich Decknamen zu wie „Melos" (Weber), „Triole" (Gänsbacher), „Philodikaios" (Meyerbeer), „Giusto" (Gottfried Weber), „Der Unbekannte" (A. von Dusch). Später kamen u. a. Danzi und der Organist Friedrich Wilhelm Berner, ein Freund Webers aus der Breslauer Zeit, hinzu. Ziel des bis 1813 existierenden Vereins, keineswegs nur eine schwärmerische Davidsbündlerschaft, war es, die Werke der Vereinsmitglieder und Grundsätze romantischer Kunstauffassung überhaupt bekannt zu machen. Als Publikationsorgane bediente man sich, da eine geplante „Zeitung für die musikalische Welt" nicht zustandekam, einflußreicher Blätter wie der „Allgemeinen Musikalischen Zeitung" in Leipzig. Webers längst hervorgetretene schriftstellerische Begabung entfaltete sich nun immer mehr, so daß man ihm 1812 in Leipzig allen Ernstes vorschlug, sich ganz dem Musikschriftstellerberuf zuzuwenden. In der Tat war sein weiterer musikalischer Werdegang noch immer nicht entschieden: Sollte er Komponist, Kapellmeister oder – auf den Spuren Johann Nepomuk Hummels, Friedrich Kalkbrenners, Carl Czernys – Klaviervirtuose werden? Zunächst stand der die finanzielle Lebensgrundlage erspielende Pianist im Vordergrund, der zugleich den Komponisten popularisierte, wie im Falle des *1. Klavierkonzertes op. 11*, das 1810 in Darmstadt vollendet wurde.

Endlich gelang es auch, die Uraufführung der Oper „*Silvana*" – und zwar in Frankfurt am 16. September 1810 – durchzusetzen. Freilich wurde die beifällig aufgenommene Premiere durch den just an diesem Tag stattfindenden sensationellen Ballonaufstieg der Madame Blanchard überschattet. Die Titelrolle spielte eine blutjunge Soubrette, Caroline Brandt, die später seine Frau werden sollte. Die nächste vollendete Opernpartitur, den komischen Einakter „*Abu Hassan*", widmete Weber dem Großherzog in Darmstadt. Der „*spie was Ordentliches*" – notwendig genug angesichts der ungünstigen finanziellen Situation des Komponisten –, aber das war schon alles. Weber mußte sich erneut auf Wanderschaft begeben. Im Februar 1811 begann er eine große Kunstreise, die ihn u. a. nach

München, in verschiedene Schweizer Städte, nach Prag, Dresden, Leipzig, Gotha, Weimar und vor allem Berlin führte.

Auf seiner Konzertfahrt lernte er Anfang März in Bamberg den dort am Stadttheater als Kapellmeister und Hauskomponist tätigen, ihm wesensverwandten Dichtermusiker E. T. A. Hoffmann kennen, mit dem er anregende Gespräche führen konnte. München erreichte er am 14. März 1811. Dank der Empfehlungen seines Stuttgarter Freundes Danzi häuften sich sogleich Einladungen zu Konzerten und Gesellschaften. „*Meine Sachen gehen so gut, daß ich beinahe fürchten muß, ich komme zu nichts, denn alle Welt interessiert sich für mich*“, heißt es im Tagebuch. Wie schon in Stuttgart verfaßte er Kritiken über das Kunstleben der Stadt. In dem Kampf zwischen italienischer und deutscher Oper griff er zugunsten letzterer ein. An der Münchner Hofbühne konnte am 4. Juni 1811 sein Singspiel „*Abu Hassan*“ in Szene gehen, eine „Türkenoper“ in der Nachfolge von Gluck, Mozart und Vogler nach einer Geschichte aus „1001 Nacht“, in der es – ein dem Komponisten wohlvertrautes Thema – um Geld, Schulden und Gläubiger geht. Das Libretto hatte ihm wieder der Stuttgarter Freund Hiemer geliefert. Mit „*Abu Hassan*“ war Weber als Opernkomponist einen großen Schritt vorwärts gegangen. Doch erst zehn Jahre später schrieb er jene Oper, die ihm Weltruhm einbrachte: den „*Freischütz*“.

In der Münchner Hofkapelle wirkte damals der hervorragende Klarinettist Heinrich Joseph Bärmann, mit dem den Komponisten bald eine ähnliche schöpferische Freundschaft verband wie später Brahms mit dem Geiger Joseph Joachim. Bärmanns virtuoses Klarinettenspiel ließ Weber gewissermaßen hinter die letzten Geheimnisse dieses Instrumentes kommen, dessen Ausdrucksbereiche er durch Hinzunahme der tiefen Töne erheblich erweiterte und für sein eigenes Schaffen damit neue und zugleich typische Klangfarben gewann, wenn wir nur an den Klarinetteneinsatz in der „*Freischütz*“-Ouvertüre oder in der Wolfsschlucht-Szene denken. Kein Wunder also, daß für Bärmann vier konzertante und kammermusikalische Werke komponiert wurden, die zur wertvollsten Literatur gehören, die das Instrument überhaupt besitzt (auch Mendelssohn und Meyerbeer widmeten ihm Werke). Die in Anwesenheit der königlichen Familie außerordentlich günstige Aufnahme des zuerst geschriebenen *Concertino für Klarinette und Orchester op. 26* löste die beiden *Klarinettenkonzerte f-Moll op. 73* und *Es-Dur op. 74* aus. Im gleichen Jahr 1811 lag auch bereits in der Skizze das *Klarinettenquintett op. 34* vor, das jedoch erst vier Jahre später vollendet wurde. (Wenn wir noch – als weitere Münchner Schaffensfrucht – das

Fagottkonzert op. 75 für den Fagottisten C. F. Brandt, das 1822 überarbeitet wurde, hinzunehmen, bleibt nicht viel zu ergänzen, was heute vom Instrumentalkomponisten Weber wirklich lebendig geblieben ist.)

Zu den Persönlichkeiten, mit denen der Künstler in München in Verbindung trat, gehörte der Philosoph Friedrich Wilhelm Schelling, Mitbegründer der romantischen Schule, in dem er naturgemäß einen Vertreter seiner eigenen Kunstauffassung sah. An Gottfried Weber schrieb er, sie seien „*recht gute Freunde geworden*". Ein Angebot aus Wiesbaden, die Position des Operndirektors zu übernehmen, schlug er des allzu bescheidenen Gehaltes wegen aus.

Stattdessen ging er im Sommer 1811 auf eine dreimonatige „*Kunst- und Naturkneip-Reise*", die ihn, konzertierend und komponierend, kreuz und quer durch die Schweiz führte, wollte er doch deren musikalische Verhältnisse und landschaftliche Schönheiten kennenlernen. Vor allem suchte er Erholung in der Bergwelt der Alpen. In Schaffhausen traf er mit dem Musikpädagogen, Verleger und Komponisten Hans Georg Nägeli zusammen, der ihn zum außerordentlichen Ehrenmitglied der „Helvetischen Musikgesellschaft" ernennen ließ. Nach Konzerten in Winterthur und Zürich reiste er weiter nach Bern, von wo er Gänsbacher von einer neuen Idee Mitteilung machte, nämlich ein „*Not- und Hilfsbüchlein für reisende Tonkünstler*", einen „*Beitrag zur Geschichte des jetzigen Musikzustandes in Deutschland*", schreiben zu wollen (der Plan blieb jedoch Fragment wie manche seiner schriftstellerischen Projekte). Anfang Oktober gab er noch ein „*schön besetztes*" Konzert in Basel und kehrte drei Wochen später nach München zurück, wo er alsbald zu einer neuen Tournee rüstete, diesmal mit Bärmann zusammen.

In einem eigenen Reisewagen verließ das Künstlerpaar am 1. Dezember 1811 München, um zunächst in Prag zu konzertieren. Hier wurde zum Theaterdirektor Carl Liebich, der in Webers Leben noch eine Rolle spielen sollte, eine nützliche Verbindung angeknüpft, kaufte dieser doch die Opern „*Silvana*" und „*Abu Hassan*" für 1500 Gulden an. Freund Gänsbacher, der jetzt in Prag wirkte, hatte das Gastspiel in jeder Hinsicht gut vorbereitet. In Dresden war der Hof nicht anwesend, so daß kein Konzert veranstaltet werden konnte. Weiter ging es nach Leipzig, wo er endlich den einflußreichen Musikschriftsteller Friedrich Rochlitz persönlich kennenlernte, von dem der Text zu seiner Kantate „*Der erste Ton*" stammte, die im Mittelpunkt vieler damaliger Konzerte stand. Durch den Verkehr mit Rochlitz angeregt, schrieb er das dritte

Christoph Martin Wieland. Gemälde von Jagemann (1806)

Kapitel seines Romanes „*Tonkünstlers Leben*", der stilistisch an E. T. A. Hoffmann orientiert ist.
Mitte Januar 1812 folgten Weber und Bärmann einer Einladung an den Hof des seltsamen Herzogs August nach Gotha, ertrugen einige Zeit dessen sonderbare Launen, musizierten, auch mit dem hier als Konzertmeister und Leiter der Hofkapelle in Diensten stehenden Louis Spohr, zu dem sich jedoch kein besonders herzlicher Kontakt herstellte. Weber vertonte Verse des Herzogs und las zu dessen Entzücken aus „*Tonkünstlers Leben*" vor. Mit einem Empfehlungsschreiben des Herzogs gelangten die Reisenden danach an den Hof von Weimar. Die Großfürstin Maria Pawlowna, Tochter des russischen Zaren Paul und Gemahlin des Erbprinzen Carl Friedrich von Sachsen-Weimar, war von den künstlerischen Leistungen ihrer Gäste zutiefst beeindruckt, während es mit Goethe nur zu einer flüchtigen, wenig huldvollen Begegnung kam. Viel mehr fühlte sich Weber dagegen zum greisen „Vater Wieland", dem Dichter des „Oberon", hingezogen, dem er persönlich vorspielen mußte. Auch mit dem Schauspieler und Dichter Pius Alexander Wolff, einem Lieblingsschüler Goethes, zu dessen Zigeunerdrama „Preciosa" nach Cervantes' Novelle „La gitarella" er später die Bühnenmusik komponierte, ergab sich Kontakt.

Über Dresden, wo im Hotel de Pologne und vor der königlichen Familie konzertiert wurde, vor zahlreichem, aber „frostigem" Publikum, reisten die Freunde nach Berlin weiter. Dort trafen sie am 18. Februar 1812 ein. In der preußischen Hauptstadt, die Napoleons Herrschaft auch zu spüren bekommen hatte und die er zum erstenmal betrat, fielen Weber hier sogleich die vaterländische Stimmung, der Geist nationaler Erhebung auf, musikalisch sich artikulierend in den Liedern des patriotischen deutschen Männergesangs. Von dem Goethe-Freund Karl Friedrich Zelter in dessen Vereine, die „Singakademie" und die „Liedertafel", eingeführt, schrieb der Komponist sogleich für letztere das „*Turnierbankett*" und das bläserbegleitete Chorlied „*Kriegseid*" nach einem Text von Heinrich Joseph Collin, der 1809 am Feldzug gegen Napoleon teilgenommen hatte. Dieser Männerchor wurde ihm von Soldaten, denen er gewidmet war, „in der Caserne am Oranienburger Tor" vorgesungen.
Mit einigen Mitgliedern der Berliner Singakademie schloß Weber alsbald Freundschaft, vor allem mit dem Universitätsprofessor der Zoologie Hinrich Lichtenstein, den er im Hause der Familie Beer getroffen hatte und mit dem ihn lebenslang ein reger Briefwechsel

Hinrich Lichtenstein. Punktmanier

verband, sowie mit dem Augenarzt Dr. Friedrich Ferdinand Flemming und dessen Braut Friederike Koch. Ferner gehörten zum Kreis der „Musik-Webergesellen“ oder auch „Musikalischen Baschkiren“, wie sich seine neuen Berliner Freunde nannten, Carl Friedrich Rungenhagen, später Zelters Nachfolger als Direktor der Singakademie, Ludwig Hell, Vizedirigent der Singakademie, der Schriftsteller und Theaterkritiker Friedrich Wilhelm Gubitz, die Schwestern Auguste und (die von Beethoven angeschwärmte) Amalie Sebald sowie weitere bürgerliche Musikfreunde und Mäzene. Man traf sich zu Gesprächen, gemeinsamem Musizieren, zu Scherz und Frohsinn in Lokalen oder im Familienkreise. Meist war Weber Mittelpunkt der Gesellschaft, wie einst in Mannheim und Darmstadt seine Lieder singend, sich und andere auf der Gitarre oder am Klavier begleitend. Mit der *Sonate C-Dur op. 24* erreichte er außerdem in Berlin einen ersten Höhepunkt seines Klavierschaffens.
Schwerer war es für den Komponisten gewesen, die von ihm beabsichtigte Berliner Aufführung der „*Silvana*“, für die er zwei neue Arien geschrieben hatte, im Königlichen Nationaltheater zu erreichen, da es seitens des Generaldirektors August Wilhelm Iffland und seiner Kapellmeister Bernhard Anselm Weber und Vincenzo Righini Widerstände gab (insbesondere der Italiener Righini, der einst Trauzeuge bei Vater Webers zweiter Eheschließung in Wien gewesen war, fand an der deutschen Oper keinen Geschmack). Am 10. Juli 1812 fand die von Weber gründlich vorbereitete und selbst geleitete Premiere schließlich statt, und die Oper wurde laut Tagebuch „*nach allen Kabalen und Erbärmlichkeiten mit großem Beifalle aufgenommen ... Alles machte Effekt, ganz anders wie in Frankfurt, und die Singstimmen traten schön hervor. Selbst meine Feinde gestehen mir Genie zu, und so will ich denn bei Anerkennung meiner Fehler doch mein Selbstvertrauen nicht verlieren und, mutig und vorsichtig über mir wachend, fortschreiten auf der Bahn der Kunst.*“
Ende August 1812 verließ Weber Berlin – diese Stadt voll „*Tee, Philosophie, Righini und Singakademie*“ – (Bärmann war bereits nach München zurückgekehrt) und reiste über Leipzig und Weimar, wo er Maria Pawlowna die ihr gewidmete *Klaviersonate op. 24* übergab, erneut nach Gotha, wo er als Gast des Herzogs konzertierte, unterrichtete und seinem Schaffen lebte. So führte er neben Gelegenheitsarbeiten sein *2. Klavierkonzert* zu Ende, das er, nachdem er es an den Höfen von Gotha und Weimar vorgestellt hatte, am Neujahrstag 1813 in Leipzig in einem Gewandhauskonzert uraufführte, und schrieb musiktheoretische Aufsätze und Kritiken. Von

Gotha aus fand noch eine zweite Begegnung mit Goethe in Weimar statt, die freundlicher ausfiel als die erste. Dennoch schrieb er an Lichtenstein: „*Man soll diese Heroen immer nur aus der Ferne anstaunen.*“

Operndirektor in Prag

Von Leipzig sollte die Reise über Prag und Wien nach Italien und Frankreich gehen. Doch sie endete bereits in Prag. Nicht die in der Nähe seines Reisewagens sich sammelnden Heere der gegen Napoleon Verbündeten, nicht die „*ungünstigen Verhältnisse*“ der kriegerischen Zeit hielten Webers Weg auf, sondern der ihm bereits bekannte Direktor des Ständetheaters in Prag, Carl Liebich, der ihm kurz nach seiner Ankunft in der Moldaustadt am 12. Januar 1813 anbot, die musikalische und organisatorische Leitung der Oper ab 1. April zu übernehmen, die der bisherige Kapellmeister Wenzel Müller, Komponist beliebter Singspiele und Zauberpossen, niedergelegt hatte. Die künstlerischen Möglichkeiten der Position reizten Weber. Zum zweiten Male wurde er verantwortlicher Opernchef.
Die unvorstellbare Arbeitslast, die er fortan auf sich lud und die sich bis in seine letzte Lebenszeit hinein noch vergrößerte, konnte er nur dank seiner ungewöhnlichen Willensstärke und Tatkraft bewältigen (*„Ich stehe um 6 Uhr auf und arbeite noch oft um 12 Uhr Nachts“*).

Das Ständische Nationaltheater in Prag. Stich von J. Berka

Alles, was er ab 1812 leistete, mußte er einem todkranken Körper abringen. Es gibt wohl keinen anderen großen Komponisten in der Musikgeschichte, der sein Tagewerk mit so schwerem, schmerzhaften Leiden behaftet verrichten mußte. Am 29. Januar 1812 registrierte er in seinem Tagebuch zum ersten Male das ernste Krankheitssymptom der Lungentuberkulose, die sein ständiger Begleiter wurde: „*Sonderbar erschlaffte Stimmung*" und tags darauf: „*Hundskrank auf einmal geworden, ein starkes Drücken auf der Brust*". Nur mit Erschütterung vermag man die unheimlich exakten Selbstdiagnosen Webers in seinen Tagebüchern zu lesen, der nach einer Feststellung seines Sohnes Max Maria das Gefühl des Gesunden nie gekannt hat. Der junge Wagner, „auf den Freischütz ganz versessen", wie er in seiner Autobiographie „Mein Leben" bekannte, erfaßte „Webers überaus zarte, leidende und geistverklärte Erscheinung mit ekstatischer Teilnahme" und betrachtete ihn als „ein ungewöhnliches, übermenschliches Wesen".
Die Neuorganisation seines Operninstitutes, an dem 1787 Mozarts „Don Giovanni" und 1791 „La Clemenza di Tito" uraufgeführt worden waren, nahm Weber so gründlich wie konsequent vor. Liebich hatte ihm erstaunliche Vollmachten zugestanden, u. a. Reisen wegen Künstlerengagements und zu eigener Konzerttätigkeit. Unmittelbar bevor er sich nach Wien begab, um neben Auftritten als Pianist neue Sänger und Musiker für Prag zu engagieren, so den Konzertmeister Franz Clement, für den Beethoven sein Violinkonzert komponierte, traf ein Bewerbungsschreiben von Caroline Brandt ein, die er bei der Frankfurter Uraufführung der „*Silvana*" schätzengelernt hatte. Sie wurde – merkwürdige Fügung – als erstes neues Mitglied des Ensembles verpflichtet, dem als Star die Sopranistin Therese Grünbaum angehörte. Wie in Breslau faßte er seine Verantwortung in weitestem Sinne auf, wirkte er als Kapellmeister, Korrepetitor, Chordirektor, Regisseur und Technischer Leiter. Er erarbeitete ausführliche Arbeitspläne und Vorschriften für Ensemble, Chor und Orchester, die er „*Gesetze*" nannte, kümmerte sich um den Kostümfundus, die Notenbibliothek und die Anstellungsverträge. Um sich besser mit seinen Mitarbeitern verständigen zu können, lernte er Tschechisch. Gleichwohl stießen seine Neuerungen und Forderungen, sein Kampf gegen den Schlendrian am Theater wieder auf Widerstand („*Das Orchester ist in Rebellion!*", mußte er bald feststellen). Doch der inzwischen gereifte junge Meister vermochte sich durchzusetzen. Die Eröffnungsvorstellung am 9. September 1813 mit Spontinis „Fernand Cortez" fand größten Anklang. Die nachfolgende zielbewußte Spielplangestaltung stellte

C. M. v. Weber. Kupferstich von Carl August Schwerdtgeburth (1823) nach Carl Christian Vogel von Vogelstein

dem neuen Operndirektor das beste Zeugnis aus. In seiner dreieinhalbjährigen Prager Amtszeit führte er 63 Werke von mehr als 30 Komponisten auf, jedoch kein einziges aus seiner Feder. Natürlich verzichtete er nicht gänzlich auf italienische und französische Modestücke, pflegte aber mit gewissem Nachdruck das deutsch-österreichische Opern- und Singspielschaffen, vor allem Mozart, und berücksichtigte auch tschechische Autoren.

Zu seinen größten Verdiensten gehörten am 24. November 1814 – nach 14 Proben – die Prager Erstaufführung von Beethovens „Fidelio" und am 1. September 1816 die Uraufführung der Oper „Faust" von Louis Spohr. Seine frühere Abneigung gegen Beethoven, mit dem er übrigens schon in Prag Kontakt aufnahm, war inzwischen überwunden. Über „Fidelio", der beim Prager Publikum nur eine kühle Aufnahme fand, schrieb er an Gänsbacher: *„Es sind wahrhaft große Sachen in der Musik."*

Seit Oktober 1815 veröffentlichte er in der „K. K. privilegierten Prager Zeitung" *„dramatisch-musikalische Notizen ... als Versuche, durch kunstgeschichtliche Nachrichten und Andeutungen die Beurteilung neu auf dem Landständischen Theater erscheinenden Opern zu erleichtern"*. Gegenüber Gottfried Weber erläuterte er die später auch in Dresden geübte Praxis, solchermaßen das Verständnis für neue Opern zu fördern: *„Eine neue Idee auf das Publikum zu wirken, trug ich schon lange mit mir herum, die herannahende Aufführung von Alimelek* (von Meyerbeer) *brachte sie zur Reife ... Das Unternehmen hat viele Krittler und eselhafte Meinungen erzeugt, aber doch seine Nutzbarkeit bewährt, und ich setzte es seitdem bei jeder neuen Oper fort. Freilich eine Arbeit mehr, aber für das Gute zu wirken, ist ja mein Zweck."* Mit seinen Prager Schriften, Kritiken, Aufsätzen (u. a. über das Konservatorium und über die „Kunstzustände" in Prag), die die tägliche Musikkritik in dieser Stadt überhaupt einleiteten, bereicherte Weber erheblich sein musikschriftstellerisches Werk.

Prag war damals die Zufluchtsstätte vieler, die den Kriegswirren zu entgehen suchten. Im Hause des Theaterdirektors Liebich, einem Mittelpunkt künstlerischer Geselligkeit, wo auch Weber oft zu Gast war, trafen sich Wilhelm von Humboldt, Tieck, Eichendorff, Körner, Brentano, Bettina von Arnim, Rahel Varnhagen. Tieck, dem geistigen Kopf der Romantik, den der Komponist schon 1810 in Baden-Baden kennengelernt hatte, dankte er nun *„manche belehrende Stunde"*, und Brentano wies ihn 1814 in Berlin auf die Tannhäuser-Sage als Opernstoff hin. Obwohl der Dichter ein Libretto zu schreiben begann, wurde das Projekt wieder fallengelassen.

In einen schweren menschlichen Konflikt geriet Weber durch die Liebesbeziehung zu zwei Frauen. Während die verführerisch-schöne und kokette einunddreißigjährige Schauspielerin und einstige Tänzerin Therese Brunetti, verheiratet und Mutter von fünf Kindern, seine Sinne gefangen nahm, schlug sein Herz für Caroline Brandt (1794–1852), die er selbst als Soubrette nach Prag verpflichtet hatte und die einen guten Ruf als Künstlerin besaß. Das Tagebuch und viele Briefe aus dieser Zeit geben Aufschluß über die Qual seiner Gefühle und Erlebnisse, über sein Schwanken zwischen den beiden launenhaften Frauen. Mit zunehmender Enttäuschung über die Brunetti aber wuchs die Zuneigung zu Caroline, der er von einer Kur in Bad Liebwerda im Sommer 1814 zärtliche Briefe schickte.
Webers zukünftige Frau stammte aus Bonn, wo sie als Tochter eines Violinvirtuosen und Tenoristen in der Kapelle des Kurfürsten zu Köln geboren wurde. Seit sie die Zerline in „Don Giovanni" gesungen hatte, fühlte er sich zu ihr hingezogen. Doch erst nach langen inneren Kämpfen und manchem Hin und Her wurde sie 1816 die Braut des Komponisten.
Anfang August 1814 erlebte Weber in Berlin, wo er seine Freunde, die „Baschkiren", wieder besuchte, die patriotische Siegesstimmung, mit der die Bevölkerung begeistert die aus dem Befreiungskriege Heimkehrenden feierte. Er traf sich mit den Dichtern Tieck, Fouqué, Brentano, Gubitz, konzertierte erfolgreich und leitete eine Aufführung der „*Silvana*", deren Echo allerdings in den Wogen der vaterländischen Hochstimmung jener Tage verhallte. Auch die Hoffnung, als Operndirigent nach Berlin geholt zu werden, erfüllte sich nicht. In der romantischen Waldeinsamkeit des Jagdschlosses Gräfentonna, wohin ihn der Gothaer Herzog August eingeladen hatte, schrieb er mit jenen kraftvoll-kämpferischen Männerchören nach Körners „Leyer und Schwerdt" das nieder, was ihn so bewegte, was die deutsche Nation fühlte. Mit einem Schlage wurde Carl Maria von Weber ein berühmter Komponist und gepriesener Sänger vaterländischer Empfindungen, nicht nur für die studentische Jugend, die Freiheitskämpfer, sondern für das ganze patriotisch fühlende Volk. Der Boden für den „*Freischütz*" war bereitet.
Nach Prag zurückgekehrt, vollendete er den Körnerschen Liederzyklus, dessen populärste Stücke auch hier im Konzert rauschenden Beifall fanden. Caroline Brandt jedoch, eine Napoleon-Verehrerin, war empört, daß er „so etwas" komponiert hatte. Einen Heiratsantrag lehnte sie weder ab, noch nahm sie ihn an. Aus München, wo er versuchte, neuen Lebensmut zu finden, richtete der unglücklich Liebende verzweifelte Briefe an Caroline.

Ludwig Tieck.
Zeichnung von
Carl Christian Vogel
von Vogelstein

C. M. v. Weber: „Leyer und Schwerdt“ von Theodor Körner, Heft 2. Titelblatt des Erstdruckes (enthält u. a. die Männerchöre „Lützows wilde verwegene Jagd“ und „Schwertlied“)

Caroline von Weber geb. Brandt. Ölgemälde (1843) von Alexander von Weber

Endlich reifte wieder ein neues Werk, nachdem bis auf einige bemerkenswerte Lieder (op. 30) und Bühnengebrauchsmusiken der kompositorische Ertrag der Prager Zeit nur gering war. Als nämlich die Nachricht vom Sieg über Napoleon bei Waterloo eintraf, begann er auf einen Text des Schauspielers und Dichters Johann Gottfried Wohlbrück die Kantate „*Kampf und Sieg*" zu komponieren „*zur Feier der Vernichtung des Feindes bei Belle-Alliance und Waterloo*". Die Kantate wurde in Prag vollendet und dort im Dezember 1815 mit außerordentlichem Erfolg uraufgeführt. General Nostitz, ehemaliger Teilnehmer der Völkerschlacht bei Leipzig, erklärte dem Komponisten gegenüber im Hinblick auf die kurz zuvor aufgeführte Beethovensche „Schlacht bei Vittoria": „Bei Ihnen habe ich die Völker reden gehört, bei Beethoven große Buben mit Ratschen spielen."

Das Stück endet mit einer Schlußfuge, in der die Völker eindringlich ihre Stimme erheben: „*Gib und erhalte den Frieden der Welt*". In einer Einführung in das Werk äußerte Weber u. a.: „*Als ich in den letzten Tagen des Juli 1815 zu München mit Wohlbrück den Entschluß faßte, obige Kantate zu schreiben, so waren wir Beide so erglüht und erfüllt von den großen Weltereignissen der letzten Zeit, daß wir glaubten, diesen Stufengang der seltensten, wechselndsten Gefühle, als die gewiß damals allgemein herrschenden in künftiger Zeit dem Hörer wieder vor die Seele führen, ihn gleichsam jene vergangene Epoche in gedrängtem Überblick nochmals durchleben lassen zu können. Daß diese Ansicht eine in Manchem von dem gewöhnlichen Kantatenzuschnitte abweichende Form geben mußte, war natürlich.*"

Ende August 1815 schrieb Caroline Brandt Weber nach München, sie müsse mit ihm brechen, da sie seinetwegen ihre künstlerische Laufbahn, was er gefordert hatte, nicht aufgeben wolle. Als er einen Monat später wieder nach Prag zurückkehrte, stürzte er sich förmlich in die Arbeit, um seinen Kummer zu betäuben ... Ein neuer Schlag wurde ihm von Direktor Liebich versetzt, als dieser ihm im November 1815 eröffnete, daß der städtische Theaterausschuß mit seiner Amtsführung nicht zufrieden sei, da sich unter seiner Leitung am Theater nichts Nennenswertes getan hätte. Zu dieser Einschätzung hatte gewiß seine häufige Abwesenheit von Prag beigetragen, während derer ihn Franz Clement vertrat und sogar eigene Neueinstudierungen dirigierte. Weber vermochte zwar in einem empörten, ausführlichen Rechenschaftsbericht das Gegenteil dieser Behauptung, die er energisch zurückwies, darzulegen, doch trug er sich fortan mit der Absicht, Prag zu verlassen, was auch Caroline, zu der sich inzwischen neuerliche Beziehungen geknüpft hatten, nicht zu ändern vermochte. Da ihn seine Tätigkeit in Prag vom kompositorischen Schaffen abgehalten, da auch sein Einsatz für die deutsche Oper beim tschechischen Publikum auf die Dauer nicht das erhoffte Interesse gefunden und er sich in der Stadt niemals recht wohl und heimisch gefühlt hatte, kündigte er am 14. April 1816 seinen Vertrag. In dem Schreiben an Liebich heißt es u. a.: „*Da mir nun der Punkt in der Kunst höher zu stehen scheint, als Komponist für die ganze Welt zu wirken und zu schaffen, als als Direktor für das Vergnügen eines einzelnen Publikums zu sorgen, so muß ich die Jahre, in denen ich noch Kraft fühle, nicht ungenützt verstreichen lassen.*"

Carl Graf von Brühl

Seine Hoffnungen richteten sich nun wieder auf Berlin, wohin er Anfang Juni 1816 reiste, um die Stelle eines Hofkapellmeisters zu bekommen. Obwohl er in dem neuen Generaldirektor der Königlichen Schauspiele, Carl Graf von Brühl, einen tatkräftigen Fürsprecher hatte, erfüllte sich dieser Wunsch nicht. König Friedrich Wilhelm III. erschien der Komponist der Körnerschen „Leyer und Schwerdt"-Gesänge, die von der Landwehr, einer Konkurrenz seiner Armee, gesungen worden waren, politisch wohl zu gefährlich. Lediglich die Aufführung der Kantate „*Kampf und Sieg*" erlaubte er, und da sie sich zu einem Triumph für ihren Schöpfer gestaltete, verlangte er sogar eine Wiederholung. In Berlin, wo er in diesen Tagen neben einigen Liedern die beiden *Klaviersonaten As-Dur op. 39* und *d-Moll op. 49* und das *Grand Duo concertant für Klarinette und Klavier Es-Dur op. 48* komponierte, traf Weber wieder mit E. T. A. Hoffmann zusammen, dessen Oper „Undine" ihn so fesselte, daß er darüber einen langen Aufsatz in der Leipziger „Allgemeinen Musikalischen Zeitung" veröffentlichte. Immerhin verließ er die preußische Hauptstadt nicht ganz ohne Ergebnisse: Brühl hatte er versprechen müssen, alle neuen Kompositionen Berlin zu überlassen, und für Caroline brachte er ein finanziell günstiges Gastspielangebot mit.
Auf der Heimreise nach Prag machte er in Karlsbad halt, um sich mit

Heinrich Graf Vitzthum von Eckstädt. Zeichnung von Carl Christian Vogel von Vogelstein (1831)

Heinrich Graf Vitzthum von Eckstädt, Generaldirektor der Königlichen Musikalischen Kapelle und des Hoftheaters in Dresden, zu treffen, der dort zur Kur weilte. Die Absicht, in Dresden eine deutsche Oper neben der bestehenden italienischen einzurichten, interessierte Weber natürlich außerordentlich. Auch Graf Vitzthum gewann den Eindruck, hier den richtigen Mann für die Leitung des geplanten Unternehmens gefunden zu haben. Webers Gagenforderung von 2000 Taler handelte er auf 1500 Taler herunter. Außerdem vereinbarte er mit dem Komponisten Gastspiele von Caroline Brandt. So kehrte dieser frohgemut nach Prag zurück. Hier war am Theater noch einiges zu ordnen. Gewissenhaft und gründlich wie er war, legte er für seinen Amtsnachfolger Josef Triebensee, frühere Unterlagen benutzend, ein „*Notizen-Buch*" an, in welchem er einen Überblick über die von ihm herausgebrachten Stücke gab und sogar noch Vorschläge für die Zukunft machte. (Das von ihm aufgebaute Repertoire bestimmte den Spielplan des deutschen und später auch des tschechischen Operntheaters in Prag beinahe noch im ganzen 19. Jahrhundert.) Nach einer Abschiedsvorstellung mit Johann Schenks „Dorfbarbier" beendete er am 29. September 1816 seine Prager Tätigkeit und reiste Anfang Oktober mit Caroline nach Berlin, die hier als Sängerin gefeiert wurde und endlich, sichtlich beeindruckt durch die hohe Anerkennung, die Weber allgemein

C. M. v. Weber.
Kupferstich
von Friedrich Jügel

zuteil wurde, in die Veröffentlichung ihrer Verlobung am 19. November einwilligte. Am 1. Weihnachtsfeiertag 1816 vermerkte der Künstler in seinem Tagebuch, daß er – mit einem Brief Graf Vitzthums – die Anstellung in Dresden erhalten habe.

Leiter der deutschen Oper in Dresden

Freilich: eine Enttäuschung wurde ihm sehr bald zuteil. Nicht als Königlich-Sächsischer Kapellmeister, wie er annahm – diesen Titel trug nur Francesco Morlacchi, der Leiter der italienischen Oper, und kraft dieses Titels ihm übergeordnet –, sondern nur als „Musikdirektor der deutschen Oper" war er in Dresden angestellt worden, wenn ihn auch auf seinen geharnischten Protest hin am 17. Januar 1817 Graf Vitzthum vor dem gesamten Personal der deutschen und der italienischen Oper „*aufs Feyerlichste und Schmeichelhafteste*" als Kapellmeister und Direktor der deutschen Oper vorgestellt hatte. In einer „*kleinen Anrede*" äußerte Weber bei dieser Gelegenheit, daß er von seinen Künstlern „*unbedingten Gehorsam*" erwarte: „*Ich werde gerecht aber auch, ohne Ansehen der Person, gegen Jeden, am meisten gegen mich selbst, unerbittlich streng sein.*" Erst nach der überaus erfolgreichen Eröffnungsvorstellung am 30. Januar 1817 mit Etienne Nicolas Méhuls „Joseph" (gespielt unter dem Titel „Jakob und seine Söhne") ernannte ihn König Friedrich August I. zum Kapellmeister. Als gar zum wiederholten Male ruchbar geworden war, daß er Dresden, „*dies Labyrinth von Kabalen und Schleichwegen*", wieder verlassen wolle und erneut mit Berlin verhandelte, konnte Graf Vitzthum beim König am 13. September 1817 die lebenslängliche Anstellung durchsetzen. Damit war die Gleichstellung mit seinem italienischen Kollegen Morlacchi, der 1811 auf Lebenszeit engagiert worden war, vollzogen.
Zugleich erwarb Weber die materielle Sicherheit, um endlich einen eigenen Hausstand zu gründen und die Stuttgarter Schulden abzutragen. Am 4. November 1817 heiratete er in Prag Caroline Brandt, die ihm stets eine verständnisvolle, fürsorgliche Frau war und in Hunderten von Briefen Zeugin tatsächlicher und seelischer Vorgänge seines Lebens wurde. Die Hochzeitsreise führte über Karlsbad, Bayreuth, Bamberg, Würzburg nach Mannheim, Darmstadt

Der Altmarkt zu Dresden (Webers Wohnung im dritten Haus rechts vom Turm der Kreuzkirche). Kolorierter Stich von Johann Carl August Richter (um 1845)

und Mainz, wo zugleich Ausschau gehalten wurde nach geeigneten Gesangskräften für das Dresdner Institut. Konzerte auf der Rückreise in die Heimat demonstrierten wieder die große Beliebtheit des Künstlers. Das Weihnachtsfest verbrachte das Ehepaar im gemütlichen Dresdner Heim am Altmarkt Nr. 9, nachdem Weber die erste Zeit in Dresden im Italienischen Dörfchen, nahe an seiner Wirkungsstätte, dem alten Hoftheater, gewohnt hatte, etwa dort, wo seit 1860 das Weber-Denkmal Ernst Rietschels steht. In einem Brief vom 11. März 1817 an seine Braut hatte er diese Wohnung, die im zweiten Weltkrieg zerstört wurde, auf reizendste Weise beschrieben:

„*Muks! Muks! Muks! Ich hab ein Quartier! Und! Nun! ein schönes, wenns mir schon äußerst sehr gefällt, und Du weißt, daß ich ein bischen eigen darin bin, so kann ich schon hoffen, daß es meinem Schneefuß auch behagen wird. Erstens ists auf dem Alt Markt, aber – 3 Treppen! aber gute Treppen, und da werden die Liebhaber nicht so fort kommen, – dann alles unter einem Schloß, der ganze Stock, vorn heraus, ein sehr großes Vorzimmer, dann 2 schöne Zimmer, und ein Schlafzimmer mit Alkoven, alles sehr nobel, dann kommt ein Arbeitszimmer für mich, dann Zimmer für Bediente, Köchin, Speisekammer, eine helle herrliche Küche, großer Boden, Keller, Mangel im Hause, Wagenplatz – und kostet freilich 150 g: aber angenehm zu wohnen ist wohl einige Thaler werth, und unter 120 g hätte ich auf jeden Fall keins bekommen, ich habe also auf der Stelle alles richtig gemacht und 10 g drauf gegeben, damit uns keiner wegschnappt. Ich bin so vergnügt und froh darüber, daß ich Dirs gar nicht genug sagen kann, denn ich hoffe, es wird Dir gefallen. Der größte Vortheil ist auch der, daß die Zimmer noch schön gemalt und in gutem Zustande sind, wir also nichts hinein zu stekken brauchen, was sonst beinah bei allen Quartieren der Fall ist. Nun adje, muß ins Theater, hab Dir nur in aller Eile meinen guten Fund melden wollen.*“

Vor der Einrichtung der „Deutschen Oper“ als ein „Département“ des Hoftheaters, mit dem die Demokratisierung, die Verbürgerlichung der Oper in Dresden nach zögernder Entwicklung in ein neues Stadium trat, hatte sich deutsche Opern- und Singspielkunst in der durch tausend Fäden mit der italienischen Kultur verbundenen sächsischen Residenz durchaus bereits einen Platz verschafft durch das Wirken des Hofkapellmeisters Johann Gottlieb Naumann und Komponisten wie Franz Seydelmann und Joseph Schuster. Aber auch das Repertoire des „Societätstheaters“, die Gastspiele berühmter europäischer Theatertruppen mit deutscher und franzö-

Francesco Morlacchi

sischer Literatur hatten schon die italienische Vormachtstellung eingeschränkt, wenngleich noch nicht gebrochen. (Die letzte Vorstellung der italienischen Hofoper fand erst 1832 statt.) Wandertruppen spielten sowohl im Kleinen Hoftheater, dem Morettischen Theater, wie im „Theater auf dem (Linckeschen) Bade“. Hier wirkte beispielsweise 1813 E. T. A. Hoffmann als musikalischer Leiter der Secondaschen Operntruppe, die jedoch 1816 – mit Webers „*Silvana*“ – ihre Tätigkeit einstellte. Fast mutet es nur wie ein organisatorischer Akt an, daß Graf Vitzthum, der die bürgerliche „Vorstadtbühne“, deren Repertoire einem bescheidenen Vorklang des Weberschen Unternehmens glich, sogleich in Pacht nahm und dem Hoftheater anschloß, in dieser Situation eine „Deutsche Oper“ in Dresden installierte und Weber als deren Leiter berief. Dies entsprach aber zutiefst den Wünschen der fortschrittlich gesinnten bürgerlichen Bevölkerung, die nach dem Befreiungskriege in der Kunst zunehmend ein Sammelbecken für politische und nationale Gedanken sah und den an exklusiver italienischer Opern- und Gesangskunst orientierten Geschmack des Hofes nicht teilte.
Weber war die rechte Persönlichkeit, eine betont bürgerlich-natio-

nale Bühne aufzubauen im Gegensatz, zumindest aber nicht immer in friedlicher Koexistenz, zur alteingesessenen italienischen Hofoper in Dresden mit ihrer ruhmvollen Vergangenheit, zumal der Auftrag seines Amtes mit dem „*Grundzweck*" seines künstlerischen Strebens als Komponist übereinstimmte: die Profilierung der deutschen Oper als Gattung. Das hieß jedoch nicht, daß er, gewissermaßen beide Dresdner Opernkulturen verbindend, nicht gelegentlich auch Morlacchi im Dirigat italienischer Opern vertrat, wenn dieser außerhalb Dresdens weilte, und wofür er eigens Italienisch lernte. Die Gerechtigkeit gebietet festzustellen, daß Morlacchi, ein hochbefähigter Dirigent und Theaterpraktiker, der sich beträchtliche Verdienste um Oper und Kapelle in seiner langjährigen Amtsführung erwarb, nicht nur als Intrigant und Rivale Webers gelten kann, der diesem das Leben schwergemacht hat. Weber hat seinerseits manche Auseinandersetzung mit der „italienischen Partei", mit Morlacchi geradezu provoziert, wenn es galt, künstlerische oder finanzielle Ansprüche für sein Institut durchzusetzen. Morlacchi empfahl übrigens schon 1814 die Einrichtung einer musikalischen Bildungsanstalt in Dresden, wofür sich später Weber ebenfalls einsetzte, dessen Namen Dresdens Musikhochschule seit 1959 trägt.
Noch bevor der Kapellmeister und Operndirektor Weber in Dresden debütierte, wandte sich der Musikschriftsteller Weber, der als solcher durchaus neben E. T. A. Hoffmann und Robert Schumann, Berlioz und Wagner zu stellen ist, an das Publikum, indem er in der „Abendzeitung" – wie zuvor in Prag – regelmäßig einführende „*Dramatisch-musikalische Notizen*" ankündigte und in einem programmatischen Aufruf „*An die kunstliebenden Bewohner Dresdens*" seine künstlerischen Vorstellungen und Ziele zunächst einmal prinzipiell darlegte: „*Es tritt des ... Menschen Herzen das näher, was es gründen, wachsen und fortschreiten sehen kann. Es wird ihm das lieber und werter, was er auch in seinen Teilen und Bau beobachten lernt; und was soll ihn zunächst freundlicher ansprechen als das Treiben und Wirken der Kunst: das schöne Erzeugnis des erhöhten Lebens, zu dem jeder einzelne im Volke eine unsichtbar mitwirkende Triebfeder ist und sich auch als solche gewiß fühlt. Es ist daher sogar den Verwaltern des ihnen anvertrauten öffentlichen Kunstschatzes Pflicht, dem Publikum zu sagen, was es zu erwarten und zu hoffen habe und in wiefern man auf freundliche Aufnahme und Nachsicht von seiner Seite rechnen müsse. Leicht und schnell sind große Erwartungen erregt, schwer ist es, vermöge der Natur der Sache, selbst nur gerechte Forderungen zu befriedigen. Die Kunstformen aller übrigen Nationen haben sich von jeher bestimmter ausgesprochen als*

die der Deutschen ... Der Italiener und Franzose haben sich eine Operngestalt geformt, in der sie sich befriedigt hin und her bewegen. Nicht so der Deutsche. Ihm ist es rein eigentümlich, das Vorzügliche aller übrigen wißbegierig und nach stetem Weiterschreiten verlangend an sich zu ziehen: aber er greift alles tiefer. Wo bei den andern es meist auf die Sinnenlust einzelner Momente abgesehen ist, will er ein in sich abgeschlossenes Kunstwerk, wo alle Teile sich zum schönen Ganzen runden und einen."

Trotz ungünstiger Bedingungen angesichts des vorrangig auf italienische Musik und Musiker orientierten Dresdner Hofes erreichte Weber das Bestmögliche in Dresden. Gestützt auf seine Prager Erfahrungen war er nun, obwohl erst dreißigjährig, als Künstler und Organisator im Vollbesitz seiner Fähigkeiten, wenn auch das Ausmaß seiner Pflichten und der ihm entgegengebrachten Widerstände seine ganze Kraft beanspruchte – dies angesichts seines schlechten Gesundheitszustandes. Großen Wert legte er darauf, singende Schauspieler bzw. schauspielende Sänger zur Verfügung zu haben. Das ganze Ensemble mußte umgestaltet, neue, leistungsfähigere Kräfte engagiert werden, damit den Belcanto-Sängern der italienischen Oper die deutsche Oper mit ihrer Forderung nach „Wahrheit der Darstellung" gegenübergestellt werden konnte. In einer dem Intendanten Graf Vitzthum übergebenen Druckschrift unter dem Titel „*Versuch eines Entwurfs, den Stand einer deutschen Operngesellschaft zu Dresden in tabellarische Form zu bringen*" betonte er bezeichnenderweise nicht nur die gesanglichen, sondern auch die darstellerischen Anforderungen besonders. Bühnenbild, Kostüme und Darstellungsstil sollten zusammen mit Musik und Handlung eine Einheit bilden. So hat Weber Wagners Idee vom Gesamtkunstwerk praktisch vorbereitet.

Gespielt wurde – noch bis in die Zeit seines Nachfolgers Carl Gottlieb Reißiger hinein – im unzulänglichen, engen, alten Kleinen Hoftheater, dem sogenannten Morettischen Komödienhaus (unvergleichbar den Glanzzeiten unter Johann Adolf Hasse), das 1821 umgebaut wurde und dank Weber, der auch in technischen Fragen kompetent war, eine neue Beleuchtungsanlage erhielt, und im Sommertheater auf dem Linckeschen Bade mit seiner unzureichenden Ausstattung. Weber steigerte in seiner Amtszeit die jährliche Aufführungszahl der deutschen Oper um fast 100 Prozent, von anfänglich 46 auf 84 Vorstellungen. Obwohl fast drei Viertel der unter seiner Leitung aufgeführten Opern und Singspiele von deutschen Autoren stammten, pflegte er auch die progressivsten französischen und italienischen Werke (natürlich in deutscher Übersetzung), so

z. B. von François Adrien Boieldieu, André Ernest Modeste Grétry, Nicolas Isouard, ferner repräsentative Werke von Luigi Cherubini (wie „Der Wasserträger"), Méhul und Spontini sowie erste Modestücke Rossinis. Auf dem reichhaltigen, mustergültigen deutschen Spielplan erschienen zunächst die üblichen Durchschnittswerke von Joseph Weigl, Friedrich Heinrich Himmel, Wenzel Müller, Konradin Kreutzer u. a., später, nach der Schaffung der künstlerisch-technischen Voraussetzungen, die Opern Mozarts („Don Giovanni" 1821 übrigens mit dem alten Luigi Bassi, dem ersten Sänger der Titelpartie, als Regisseur), Beethovens „Fidelio", Spohrs „Jessonda" und – freilich nur als Erst-, nicht als Uraufführungen – „*Freischütz*" und „*Euryanthe*" aus der eigenen Produktion.
Da seine sich auf Glucks Opernreform stützenden Inszenierungsvorstellungen nicht ohne einen fest verpflichteten Theaterchor denkbar waren, gründete Weber im Oktober 1817 in Dresden einen Opernchor (seit 1717 hatten Kreuzschüler, zum Teil in Frauenkostüme gesteckt, und nicht anderweitig beschäftigte Darsteller dessen Aufgaben übernommen). Die Einführung des Taktstockes war eine weitere Neuerung Webers. Bis dahin hatten die Kapellmeister vom Klavier aus das Orchester geleitet und schwierige Einsätze mit der Hand gegeben, während die eigentliche Verantwortung für die Präzision des Zusammenspiels dem Konzertmeister oblag. Mit dieser völlig neuen Art des Dirigierens, an die

Das Dresdner Hoftheater um 1820 (Morettisches Theater), die Wirkungsstätte Webers

sich das Orchester erst gewöhnen mußte, begründete Weber das noch heute gültige Verhältnis zwischen Dirigent und Orchester. Im Konzertsektor machte er außerdem einen Versuch zur Einführung von Abonnementskonzerten. Die Trennung Dirigent – Regisseur hob er nicht nur bei den eigenen Werken nach Möglichkeit auf. Das schon in Breslau und Prag praktizierte zielgerichtete detaillierte Probensystem baute er in Dresden weiter aus. Um die Klangmöglichkeiten der vorzüglichen Hofkapelle noch zu steigern, ordnete er 1818 eine neue, wohldurchdachte Orchestersitzordnung an, wofür freilich der Kapellmeister und sein Intendant öffentlich gerügt wurden. Auf königlichen Befehl mußte sogar die alte Ordnung wiederhergestellt werden (erst später konnte Weber sich damit durchsetzen). Wiederholt war er Demütigungen seitens des Hofes ausgesetzt, für den er auch dienstlich geforderte Gelegenheitsmusiken für die zahlreichen Festlichkeiten sowie Messen und dergleichen zu komponieren, als Kapellmeister für den Kirchendienst in der Katholischen Hofkirche wie für den Dienst an der königlichen Tafel – in voller Hoftracht – zur Verfügung zu stehen hatte. Sein aufrechter Gönner und Freund Graf Vitzthum erklärte 1820, der ewigen Quertreibereien um die deutsche Oper müde, seinen Rücktritt. Unbedeutend waren dessen Nachfolger, Hans Heinrich von Könneritz und – ab 1824 – der Kammerherr Wolf Adolf August von Lüttichau, der nach dem Erfolg der Berliner Premiere von

Das „Theater auf dem (Linckeschen) Bade" in Dresden. Kolorierte Lithographie (um 1860)

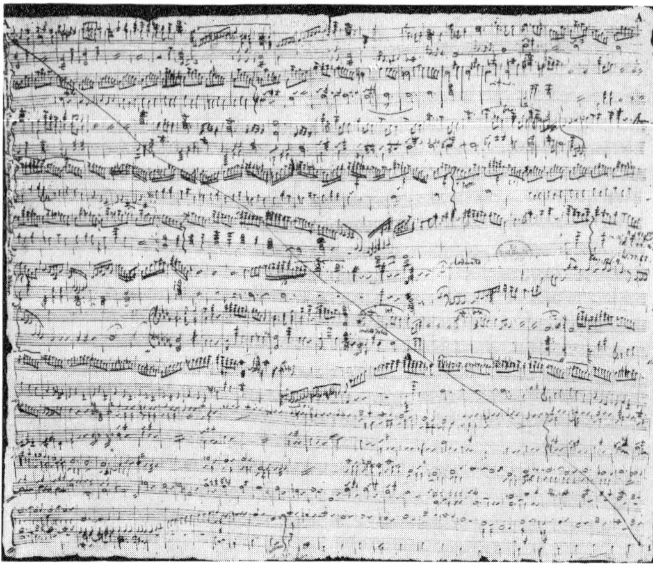

C. M. v. Weber: Aufforderung zum Tanz. Autograph (Entwurf)

Webers Sommerhaus in Hosterwitz. Lithographie nach einer Zeichnung von F. T. Bauer

Webers erste Sommerwohnung im Coselgarten in Dresden, in der „Freischütz" und „Preciosa" 1820 vollendet wurden. Federzeichnung von J. E. Aßmann

„*Euryanthe*" gesagt haben soll: „Weber, sind Sie denn wirklich ein so berühmter Mann?" Aus London schrieb dieser an Caroline: „*Sage ihm* (Lüttichau), *daß mich die ganze Welt ehrt, nur mein König nicht.*"

Ausgleich für alles äußere Ungemach, für die beruflichen Mißhelligkeiten bot Weber, der selbst ein guter Familienvater mit bezaubernden menschlichen Eigenschaften war, die Häuslichkeit, die ihm seine Frau schuf. Hier fand er die angesichts seiner Arbeitslast notwendige schöpferische Atmosphäre, um sich den Meisterwerken seiner letzten Jahre zu widmen, den zukunftsträchtigen Opern „*Freischütz*", „*Euryanthe*" und „*Oberon*", mit denen er die Eigenständigkeit der deutschen Oper auch als Gattung herstellen sollte. Neben den Stadtwohnungen (1822 wurde vom Altmarkt in die Galeriestraße 9 umgezogen) gewannen vor allem die Sommerdomizile für die kompositorische Arbeit große Bedeutung. Bei einem ihrer Ausflüge in die landschaftlich reizvolle Umgebung Dresdens entdeckten die Eheleute im Frühjahr 1818 in Hosterwitz bei Pillnitz ein „*sehr ländliches*" Haus, ein Winzerhäuschen, in das sie erstmalig am 18. Juni desselben Jahres Einzug hielten und das fortan, ausgenommen die Jahre 1820, 1821 und 1825, ihr Sommerparadies war. Hier wurde neben wesentlichen Teilen des „*Freischütz*" und der „*Euryanthe*" in glücklicher Stunde am 28. Juli 1819

die Caroline gewidmete „*Aufforderung zum Tanz*" komponiert, die Weber wohl in der kleinen Gaststube der nahen Keppmühle vor seinen Dorffreunden uraufführte. Hierher, Zufluchtsstätte und Ort geselliger Begegnungen, kamen manche Besucher, wie die Schriftsteller Fouqué und Jean Paul, Prinz Anton und Prinzessin Amalie von Sachsen, der 1824 als Musikdirektor der deutschen Oper verpflichtete Komponist Heinrich Marschner, Louis Spohr und Mitglieder des deutschen wie des italienischen Opernensembles. Und hier befindet sich heute eine würdige Gedenkstätte.
Die Sommermonate 1820 verbrachten die Webers jedoch mit Rücksicht auf den Gesundheitszustand des Komponisten in einem vom Stadtzentrum nicht so weit entfernten Landhaus im Coselgarten. In Elbnähe wenige Schritte von seiner zweiten Wirkungsstätte, dem Theater am Linckeschen Bade, gelegen (in unmittelbarer Nähe hatte einst auch E.T.A. Hoffmann gewohnt und seine Zauberoper „Undine" geschrieben), wurde dies die Stätte, in der der Meister am 13. Mai 1820 die Komposition des „*Freischütz*" beendete, indem er hier die Schlußfassung der Wolfsschlucht-Szene, das dritte Finale, erhebliche Teile der Instrumentation und die Ouvertüre schuf. Auch die von Graf Brühl bestellte Schauspielmusik „*Preciosa*" wurde hier abgeschlossen und die Fragment gebliebene komische Oper „*Die drei Pintos*" – auf einen Text seines Freundes Theodor Hell – begonnen.
Ende Juli ging es zusammen mit Caroline auf eine längst geplante Konzert- und Erholungsreise in den Norden, u. a. über Göttingen, Bremen, Oldenburg, Hamburg (wo allerdings Caroline krankheitshalber zurückbleiben mußte), Lübeck nach Kopenhagen. Hier erfuhr Weber mannigfache Ehrungen als Dirigent, Pianist und Komponist. Seinen letzten Sommer im Kreise der Familie verbrachte er 1825 – wohl wieder wegen des allzu beschwerlichen Weges nach Hosterwitz angesichts seiner fortgeschrittenen Erkrankung – im Coselgarten, diesmal in einem neuerbauten Pavillonhaus, da das alte Landhaus inzwischen abgerissen worden war. Der „*Oberon*" stand hierbei auf dem Arbeitsplan.

Der Freischütz

Von Beginn seiner Dresdner Zeit an verkehrte Weber, der Gesellschaftsmensch, in den Künstlerkreisen der sächsischen Residenzstadt. Schon am 5. Februar 1817 ging er – laut Tagebuch – erstmalig zum Dresdner „Dichter-Tee", einem Treffpunkt von Literaten und

Friedrich Kind, der Textdichter des „Freischütz". Lithographie von M. Knädig

musisch Interessierten, die sich später den weniger provinziellen Namen „Liederkreis" zulegten. Hier traf er u. a. mit den künftigen Librettisten seiner nächsten Opern zusammen, mit Hofrat Friedrich Kind (1768–1843), Rechtsanwalt und Autor von Erzählungen und Dramen, Verfasser der Operntexte zu Konradin Kreutzers „Nachtlager von Granada" und Heinrich Marschners „Holzdieb", dem er schon im Herbst des Vorjahres begegnet war, und mit Helmina von Chézy (1783–1856). Während der Maler Caspar David Friedrich dem Komponisten menschlich fern blieb, wurden dagegen Bildungsmittelpunkte, in denen der Dichter Ludwig Tieck oder der Maler-Arzt Carl Gustav Carus standen, für ihn, der bald Zugang auch zu diesen Kreisen fand, immer wichtiger. 1825 ernannte er Tieck zum „Literator", zum Dramaturgen seines Institutes.
Bei Kind entdeckte der Komponist jenes „Gespensterbuch" von Johann August Apel mit dessen Novelle vom Freischützen wieder, die ihn schon vor Jahren so stark gefesselt hatte. Kind ließ sich sogleich für das Projekt begeistern und lieferte in zehn Tagen – am 1. März 1817 – das ganze Libretto zu der Oper, die zunächst „Der Probeschuß", dann „Die Jägersbraut" hieß und zu guter Letzt auf Vorschlag Graf Brühls, der sich alsbald die Uraufführung für Berlin gesichert hatte, in „*Der Freischütz*" umgetauft wurde. Drei volle Jahre dauerte es allerdings, bis der letzte Takt der „*Freischütz*"-

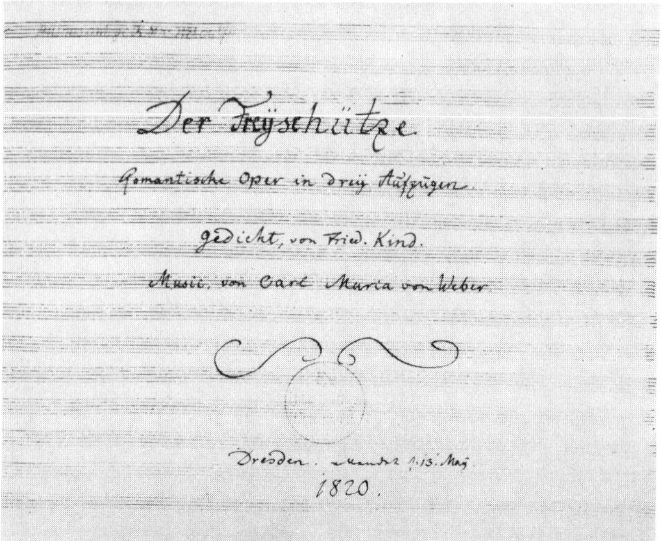

C. M. v. Weber: „Der Freischütz", Titelblatt der Partitur. Autograph (1820)

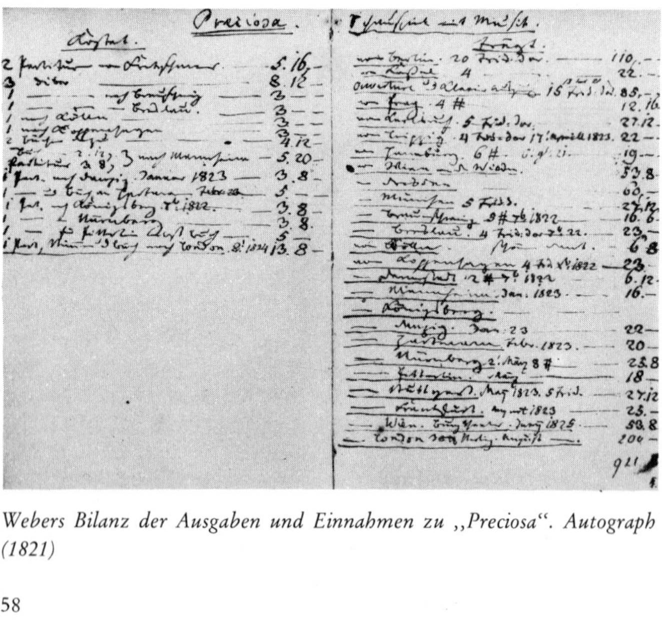

Webers Bilanz der Ausgaben und Einnahmen zu „Preciosa". Autograph (1821)

Partitur niedergeschrieben war, mit deren Komposition im Juli 1817 begonnen wurde. Zum Verdrusse des Librettisten hatte Webers Braut die Streichung der beiden einleitenden Szenen zwischen Agathe und dem Eremiten verlangt: „Weg mit diesen Szenen, mitten hinein ins Volksleben mit dem Beginne der Volksoper, lasse sie mit der Szene vor der Waldschenke anheben." Und so geschah es. Kind hat dies Weber nie verziehen. Der Librettist kannte übrigens die Oper „Der Freischütz" des Münchner Hofmusikers Carl Borromäus Neuner, die dieser 1813 nach einem Textbuch des Münchner Hofrates Franz Xaver von Caspar komponiert hatte, woran sich auch Kind anlehnte.

Den vielbearbeiteten Stoff, dem nicht eine alte Volkssage zugrundeliegt, sondern der auf eine tatsächliche Begebenheit zurückgeht, wollte auch Louis Spohr zur Grundlage einer Oper machen, doch als sich Weber mit der Komposition des „*Freischütz*" befaßte, gab er den Plan wieder auf. Dafür verzichtete Weber später zugunsten Spohrs auf eine „Faust"-Oper.

Die erfolgreiche Uraufführung der Schauspielmusik zu „*Preciosa*" am 14. März 1821 im Berliner Opernhause bereitete dem „*Freischütz*" gewissermaßen den Weg. Doch war man sich im Lager der deutschen Oper über den Ausgang der nahenden musikalischen Entscheidung keineswegs sicher. Der mächtige und ränkesüchtige Italiener Gaspare Spontini, seit 1820 auf Wunsch des preußischen Königs Friedrich Wilhelm III. „Erster Capellmeister und General-Musikdirector" der Berliner Hofoper, ein erklärter Gegner Webers, hatte am 14. Mai 1821 nach 42 Proben seine mit verschwenderischster Pracht ausgestattete Oper „Olympia" aufgeführt, deren Pomp natürlich die Gemüter erregte. Graf Brühl tat seinerseits alles, um das Werk seines Schützlings so vorteilhaft wie möglich auszustatten, obwohl sich der Komponist Bühnenbilder und Kostüme volkstümlicher, sozial „stimmiger" wünschte. Weber leitete die ihm zur Verfügung stehenden 16 Proben selbst und war, im Gegensatz zu seiner Frau, guten Mutes. Daß die Premiere auf den 18. Juni, den Gedenktag an die Schlacht von Belle-Alliance, festgesetzt worden war, nahm er als ein gutes Omen. Am Vormittag vollendete er sogar noch das 1815 in Prag begonnene, mit der traditionellen Konzertform brechende *Konzertstück für Klavier und Orchester f-Moll op. 79*, neben der „*Aufforderung zum Tanz*" gewiß der poetisch-musikalische Höhepunkt des reichen Klavierwerkes, das der international gefeierte, bahnbrechende Klaviervirtuose Weber zunächst einmal für seine eigenen Konzertzwecke schuf. Der Komponist gestattete seinem Schüler Julius Benedikt, das von ihm selbst formulierte Pro-

Gaspare Spontini. Lithographie von Hyacinthe Aubry-Lecomte (1823) nach Jean Guerin

gramm des Konzertstückes (das Erlebnis Abschied – freudiges Wiedersehen, gekleidet in eine romantisch-ritterliche Fabel) zu veröffentlichen, obwohl er „*betitelte Tonbilder*" eigentlich haßte. Nicht Goethes Schauspiel „Iphigenie auf Tauris", mit dem das von Karl Friedrich Schinkel errichtete Königliche Schauspielhaus am Berliner Gendarmenmarkt am 26. Mai 1821 eröffnet wurde, sondern die Uraufführung des „*Freischütz*" am 18. Juni desselben Jahres gab dem neuen Haus so recht seine erste Weihe. Es war mehr als der Sieg einer neuen Oper, es war die Geburtsstunde der deutschen Nationaloper, die die Vorherrschaft der italienischen Oper in Deutschland brach. Der nach Webers Tagebucheintragung mit dem „*unglaublichsten Enthusiasmus*" aufgenommene „*Freischütz*" wurde in den nächsten sechs Monaten vor immer vollem Haus in Berlin siebzehnmal gespielt. Ende 1822 fand die 50. Vorstellung statt. Damit begann der einzigartige Sieges-, aber auch infolge von Verstümmelungen und Verfälschungen Leidenszug des Werkes durch die ganze Welt. Der auf Innigkeit und Volkston abgestimmte „*Freischütz*", der wie kein anderes seiner Werke so eindringlich und umfassend den Genius seines Schöpfers repräsentiert (er ließ ihn „aus den Quintessenzen seines Lebens herauskrystallisieren", sagte Max Maria), drang sogleich in die breitesten Schichten des Volkes

und erweckte überall Begeisterungsstürme, auch wenn einzelne Fachleute Kritik äußerten.
Goethe sagte 1828 zu Eckermann: „Wäre der Freischütz nicht ein so gutes Sujet, so hätte die Musik zu tun gehabt, der Oper den Zulauf der Menge zu verschaffen, wie es nun der Fall ist, und man sollte daher dem Herrn Kind auch einige Ehre erweisen." In der kurz nach Beendigung des Dreißigjährigen Krieges in Böhmen spielenden Handlung – das Bewußtsein der Romantiker war wesentlich durch Kriegs- und Nachkriegserfahrungen geprägt – geht es um den Ausbruchsversuch des Jägerburschen Max aus einer durch überholte Bräuche, Aberglauben und Subordination eingeengten Gesellschaft. Da er seine Liebe zur Försterstochter Agathe nicht anders zu realisieren vermag, sucht er durch das Gießen von Freikugeln den angeblich auf ihm liegenden Bann zu brechen. Die glückliche Lösung führt der Eremit herbei, der den Probeschuß aufhebt und durch ein Probejahr ersetzen läßt. Dieser Stückschluß stellt zweifellos eine Nachwirkung der Aufklärungsideologie dar, doch wird die Lösung nicht durch Aktivität der Helden wie in Beethovens „Fidelio" bewirkt, sondern durch ein von außen eingreifendes humanistisches Prinzip, das zur Bestrafung des Bösen und zur Belohnung des Guten führt. Die in Max und Agathe personifizierte romantische Weltsicht kontrastiert zum biedermeierlichen Realismus in der Gestalt des Ännchen.
Meisterlich hat der Komponist es verstanden, die verschiedenen

Schauspielhaus Berlin. Stich von Barber (1833) nach Heinrich Hintze

rationalen und emotionalen Stimmungen und Schichten der einzelnen Szenen bzw. Handlungssphären zu charakterisieren, mit oft einfachen, volksliedhaften Mitteln des Singspiels, aber auch schon mit neuartiger musikdramatischer Zusammenfassung großer Formen, in der die Auswertung charakteristischer Klangfarben und die Verwendung von Erinnerungsmotiven, wie sie schon die von Weber geschätzte französische Revolutionsoper kannte, besonders zukunftsträchtige Komponenten sind. So ist das Walten finsterer Mächte in der Person des schwarzen Jägers Samiel durch ein „Leitmotiv" symbolisiert, das aus einem verminderten Septakkord besteht und eine ganz bestimmte Klangfarbencharakteristik erhielt, worüber sich der Komponist gegenüber dem Musiker Johann Christian Lobe folgendermaßen geäußert haben soll: *„Ich habe lange und viel gesonnen und gedacht, welcher der rechte Hauptklang für dies Umheimliche sein möchte. Natürlich mußte es eine dunkle, düstere Klangfarbe sein, also die tiefsten Regionen der Violinen, Violen und Bässe, dann namentlich die tiefsten Töne der Klarinette, die mir ganz besonders geeignet zu sein scheinen zum*

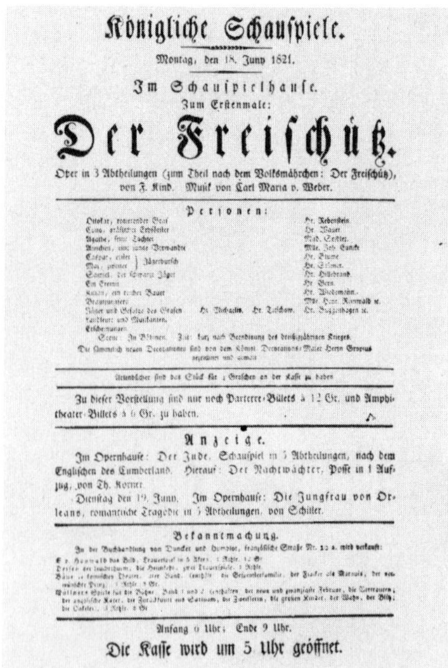

Königliche Schauspiele.

Montag, den 18. Juny 1821.

Im Schauspielhause.

Zum Erstenmale:

Der Freischütz.

Oper in 3 Abtheilungen (zum Theil nach dem Volksmährchen: Der Freischütz), von F. Kind. Musik von Carl Maria v. Weber.

Personen:

Ottokar, regierender Graf — Hr. Rebenstein.
Cuno, erblicher Erbförster — Hr. Wauer.
Agathe, seine Tochter — Mad. Seidler.
Aennchen, eine junge Verwandte — Mlle. Joh. Eunicke.
Caspar, erster / Max, zweiter } Jägerbursch — Hr. Blume. / Hr. Stümer.
Samiel, der schwarze Jäger — Hr. Hillebrand.
Ein Eremit — Hr. Gern.
Kilian, ein reicher Bauer — Hr. Wiedemann.
Brautjungfern — Mlle. Henr. Reinwald ꝛc.
Jäger und Gefolge des Grafen — Hr. Michaelis. Hr. Tischow. Hr. Buggenhagen ꝛc.
Landleute und Musikanten.
Erscheinungen.

Scene: In Böhmen. Zeit: kurz nach Beendigung des dreißigjährigen Krieges.

Die sämmtlich neuen Decorationen sind von dem Königl. Decorations-Maler Herrn Gropius gezeichnet und gemalt.

Textbücher sind das Stück für 4 Groschen an der Kasse zu haben.

Zu dieser Vorstellung sind nur noch Parterre-Billets à 12 Gr. und Amphitheater-Billets à 6 Gr. zu haben.

Anzeige.

Im Opernhause: Der Jude, Schauspiel in 5 Abtheilungen, nach dem Englischen des Cumberland. Hierauf: Der Nachtwächter, Posse in 1 Aufzug, von Th. Körner.

Dienstag den 19. Juny. Im Opernhause: Die Jungfrau von Orleans, romantische Tragödie in 5 Abtheilungen, von Schiller.

Bekanntmachung.

In der Buchhandlung von Duncker und Humblot, französische Straße Nr. 20 a. wird verkauft:

Anfang 6 Uhr; Ende 9 Uhr.

Die Kasse wird um 5 Uhr geöffnet.

Theaterzettel zur Uraufführung des „Freischütz" in Berlin

Kostümfigurinen (Max und Agathe im Brautkleid) der Uraufführung von Webers „Freischütz". Kolorierte Stiche von Heinrich Stürmer (1821)

Malen des Umheimlichen, ferner die klagenden Töne des Fagotts, die tiefsten Töne der Hörner, dumpfe Wirbel der Pauken oder einzelne dumpfe Paukenschläge." Die neue Art romantischen Naturerlebens fand ebenso Ausdruck durch die Verwendung bestimmter Instrumente: die Klangfarbe für das Wald- und Jägerleben – ein wesentliches Lebenselement der „*Freischütz*"-Handlung – lieferten die Hörner. Deren Gesang leitet schon die Ouvertüre ein, die den Handlungsverlauf der Oper in knappester Form darstellt. Interessanterweise bietet die „*Freischütz*"-Partitur bei näherer Betrachtung eine Synthese deutscher, französischer und italienischer Stilelemente.

Als gefeierter Held, als führender Komponist der deutschen Oper kehrte Weber Ende Juni 1821 nach Dresden zurück, seine Bemühungen verstärkend, ihre künstlerische Gleichberechtigung auch hier durchzusetzen. Mit der Dresdner „*Freischütz*"-Premiere vom 26. Januar 1822 kam er diesem Ziele näher, wenn auch sein früher Tod eine weitere deutsche Opernentwicklung in seinem Sinne zunächst unterbrach. Eine spätere Aufführung des „*Freischütz*" er-

C. M. v. Weber: Beginn der „Wolfsschlucht"-Musik aus dem „Freischütz". Autograph (1820)

lebte der neunjährige Kreuzschüler Richard Wagner. Er war fasziniert vom Werk und seinem Schöpfer. Obwohl nicht in Dresden uraufgeführt, wohl aber komponiert, ist der „*Freischütz*" in besonderem Maße mit der Dresdner Opernkultur verknüpft. Nicht nur, daß das Werk die meist gespielte Oper im Repertoire der Dresdner Bühne ist: Am 31. August 1944 fand mit dem „*Freischütz*" die letzte Opernaufführung in der Semperoper vor deren Vernichtung im zweiten Weltkrieg statt, und es war ein kulturhistorisches Ereignis ersten Ranges, als am 13. Februar 1985 – auf den Tag genau 40 Jahre nach der Zerstörung – die wiedererstandene Dresdner Semperoper mit dem „*Freischütz*" eröffnet wurde.

Euryanthe

Mit dem auf Webers Erfolg neidischen Textdichter Friedrich Kind kam es schon im November 1821 zu einer mißlichen Auseinandersetzung, die eine weitere Zusammenarbeit ausschloß. Das war um so bedauerlicher, als Weber gerade vom Pächter des Wiener Kärntner-

Helmina von Chézy.
Anonyme Kohlezeichnung

tor-Theaters, Domenico Barbaja, aufgefordert worden war, eine Oper „im Stile des Freischütz" für Wien zu komponieren. Er hätte nein gesagt – so wie er im September einen verlockenden Ruf nach Kassel nicht annahm, nachdem man ihm (und zugleich Morlacchi!) 300 Taler Gehalt zulegte –, wenn der sächsische König Interesse an der in Arbeit befindlichen Oper „*Die drei Pintos*" für Dresden gezeigt hätte. Dessen kränkende Ablehnung jedoch verschlechterte zudem seinen Gesundheitszustand noch erheblich (am 21. Juli 1821 hatte er nach einem Unglücksfall, den Todeskeim in sich spürend, bereits sein Testament gemacht, in dem er seine Frau zur Universalerbin einsetzte). Für Kassel empfahl er Spohr, der diese Stellung bis zu seinem Lebensende bekleidete.
Das Textbuch für den Wiener Opernauftrag sollte nun Helmina von Chézy, ebenfalls Mitglied des „Liederkreises", schreiben, die, in zweiter Ehe mit dem Orientalisten Antoine Léonard de Chézy verheiratet, allein in Dresden lebte. Nach einigem Hin und Her einigte man sich auf die auch von Shakespeare in dem Schauspiel „Cymbeline" benutzte altfranzösische Erzählung von der „schönen und tugendhaften Euryanthe von Savoyen", die sie für die Schlegelsche „Sammlung romantischer Dichtungen des Mittelalters" (1804) bereits übersetzt hatte: Die Treue Euryanthes wird Anlaß einer

Wette. Da alle Beweise jedoch ihre Untreue zu belegen scheinen, will der Betrogene, Graf Adolar, sich an ihr rächen. Im letzten Augenblick stellt sich Euryanthes Unschuld heraus. Die Betrüger, Graf Lysiart und Eglantine, werden entlarvt und gerichtet. Das Paar Euryanthe – Graf Adolar findet wieder zueinander. Obwohl Tieck Bedenken gegen den Stoff äußerte und empfahl, auf Shakespeares „Cymbeline" direkt zurückzugreifen, hielt Weber an dem Projekt fest, ließ das Textbuch nicht weniger als elfmal umarbeiten, änderte und verbesserte selbst daran noch so lange, bis es ihm vertonbar erschien. Freilich begannen für ihn mit den immer noch nicht ausgemerzten Widersprüchen, Ungereimtheiten, ja Ungeschicklichkeiten des Librettos weitere Leidensstationen seines immer mehr von der Krankheit überschatteten Lebens. Das Textbuch nämlich war die Ursache für den doch auf die Dauer nicht durchschlagenden Theatererfolg des Stückes, worüber sich der Komponist schon bald klar war, wenn auch noch nicht sogleich nach der Wiener Premiere. Hatte er mit der freiheitlich-demokratischen Physiognomie des „*Freischütz*" wie auch seiner Körnerschen Gesänge gewissermaßen nationales

Kärntnertor-Theater in Wien. In diesem Hause, in dem ein halbes Jahr später Beethovens 9. Sinfonie und Teile der „Missa solemnis" uraufgeführt wurden, fand die Uraufführung der „Euryanthe" statt. Kolorierter Stich

Max Maria von Weber, der erste Biograph seines Vaters. Nach einer Zeichnung seines Bruders Alexander von Weber (1844)

Feuer im Volk entfacht, was die herrschenden Adelskreise sehr wohl registriert hatten, brauchte er allerdings mit dem unverfänglicheren Euryanthe-Sujet nicht gegen die immer noch mächtige feudalrestaurativ gesinnte Zensur anzurennen.
Um die Wiener Bühnenverhältnisse kennenzulernen, für die er „*Euryanthe*" komponieren sollte, reiste er im Februar 1822 nach Wien, das er zehn Jahre nicht gesehen hatte. Unterwegs in Prag dirigierte er seinen „*Freischütz*". Die Agathe sang Henriette Sontag, die für die Partie der Euryanthe vorgesehen war. Auch in Wien leitete er – höchst erfolgreich – eine Vorstellung des allerdings von der Zensur übel zugerichteten „*Freischütz*" mit der jungen Wilhelmine Schröder als Agathe, die er schon im nächsten Jahre nach Dresden holte und damit eine erstklassige Sängerdarstellerin für sein Ensemble gewann. Überall wurde er mit offenen Armen aufgenommen, so in einer Musikgesellschaft, der Wolfgang Amadeus Mozart d. J., des großen Mozart zweiter Sohn, vorstand. Franz Schubert zeigte sich freilich seiner Kunst nicht sehr geneigt.
Als am 25. April 1822 der Sohn Max Maria geboren wurde, war der Vater überglücklich. Über diesen mittleren Sohn, der Eisenbahningenieur und Schriftsteller wurde und 1881 starb, setzt sich das Geschlecht der Webers bis in die Gegenwart fort. (Das erste Kind des Ehepaares, Caroline Friederike Auguste, war 1819 im Alter von vier

Monaten verstorben, das dritte, Sohn Alexander Heinrich Victor Maria, ein begabter Maler, dem Bilder seiner Mutter, des Bruders und anderer zu verdanken sind, lebte von 1825 bis 1844.) Mitte Mai wurde im Hosterwitzer Sommerhause die Komposition der „*Euryanthe*“ aufgenommen, ohne daß die Amtsgeschäfte in Dresden ruhten, so daß für den langen Weg Wagen und Pferd angeschafft werden mußten. Auch den Sommer 1823 verbrachten der Komponist und seine Familie wieder in Hosterwitz, wo am 29. August, wie das Tagebuch meldet, „*die Oper Euryanthe beendigt*“ wurde, „*exklusive der Ouvertüre*“.

Am 16. September 1823 reiste er mit seinem Schüler Benedikt nach Wien, wo er diesmal Anschluß an einen Kreis junger Kunst- und Musikfreunde fand, genannt „Ludlamshöhle“, der dem Komponisten während der schweren Einstudierungsarbeit der neuen Oper getreulich zur Seite stand. Der unter dem Mitgliedsnamen „Agathus der Zieltreffer“ in die kleine Gesellschaft aufgenommene Weber wurde alsbald als „Edler von Samiel“ in den Adelsstand der Ludlam

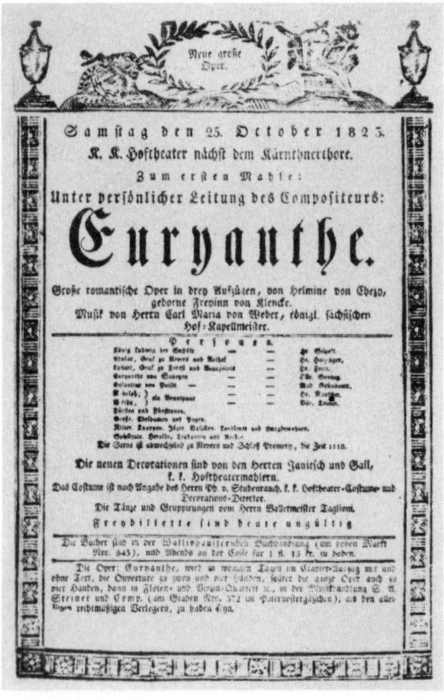
Neue große Oper.

Samstag den 25. October 1823.
K. K. Hoftheater nächst dem Kärnthnerthore.
Zum ersten Mahle:
Unter persönlicher Leitung des Compositeurs:
Euryanthe.
Große romantische Oper in drey Aufzügen, von Helmine von Chezy, geborne Freyinn von Klencke.
Musik von Herrn Carl Maria von Weber, königl. sächsischen Hof-Kapellmeister.

Personen.
[illegible]

Die neuen Decorationen sind von den Herren Janitsch und Gail, k. k. Hoftheatermahlern.
Das Costume ist nach Angabe des Herrn Ph. v. Stubenrauch, k. k. Hoftheater-Costume- und Decorations-Director.
Die Tänze und Gruppirungen vom Herrn Balletmeister Taglioni.
Freybillette sind heute ungültig

Die Bücher sind in der Wallishausserschen Buchhandlung (am hohen Markt Nro. 543), und Abends an der Casse für 1 fl. 15 kr. zu haben.

Die Oper: Euryanthe, wird in wenigen Tagen im Clavier-Auszug mit und ohne Text, die Ouverture zu zwey und vier Händen, später die ganze Oper auch zu vier Händen, dann in Flöten- und Violin-Quartett 2c., in der Musikhandlung S. A. Steiner und Comp. (am Graben Nro. 572 im Paternostergäßchen), als den alleinigen rechtmäßigen Verlegern, zu haben seyn.

Theaterzettel zur Uraufführung der „Euryanthe“ in Wien

erhoben. Im übrigen beeindruckte ihn in Wien die italienische Opernkunst, sowohl hervorragende Sänger wie Josephine Fodor und Luigi Lablache als auch Kompositionen von Domenico Cimarosa und Rossini. Einen Tag nach der ersten „*Euryanthe*"-Probe, am 5. Oktober 1823, besuchte Weber in Baden bei Wien Beethoven, mit dem er anläßlich der von ihm geleiteten Dresdner „Fidelio"-Aufführung am 28. April 1823 (übrigens mit Wilhelmine Schröder als Leonore) erneut in brieflichen Kontakt getreten und von diesem als „lieber Freund" angeredet worden war. „*Dieser empfing mich mit einer Liebe, die rührend war; gewiß 6–7 Mal umarmte er mich aufs herzlichste und rief endlich in voller Begeisterung: ‚Ja, du bist ein Teufelskerl, ein braver Kerl!' Wir brachten den Mittag miteinander zu, sehr fröhlich und vergnügt. Dieser rauhe, zurückstoßende Mensch machte mir ordentlich die Cour, bediente mich bei Tische mit einer Sorgfalt, wie eine Dame, kurz, dieser Tag wird mir immer höchst merkwürdig bleiben, sowie allen, die dabei waren. Es gewährte mir eine eigene Erhebung, mich von diesem großen Geiste mit solcher liebevollen Achtung überschüttet zu sehen*" (Tagebuch).
Am 19. Oktober beendete Weber noch die Ouvertüre, gleich der zu „*Freischütz*" und „*Oberon*" auch ein beliebtes Konzertstück, und am 25. Oktober 1823 fand im Kärntnertor-Theater, wo ein reichliches halbes Jahr später Beethovens „Neunte" uraufgeführt wurde, die Premiere der „*Euryanthe*" statt, ein rauschender, wenn auch nicht ungeteilter Erfolg, der jedoch bei den Wiederholungsaufführungen bald nachließ.
In der Heimat wurde der Komponist „*aufs feierlichste von dem ganzen Personale der Theater und Kapelle empfangen*". Der König befahl sogar die sofortige Einstudierung der „*Euryanthe*", die jedoch wegen einer Schwangerschaft Wilhelmine Schröder-Devrients verschoben werden mußte. Von auswärts kamen ungünstige Nachrichten über kühle Aufnahme der „*Euryanthe*", die Berliner Aufführung hintertrieb auf lange Sicht der hinterhältige Spontini. Die Dresdner Arbeitslast wuchs ins Unermeßliche, da für Morlacchi wieder einmal eine längere Urlaubsvertretung erforderlich wurde. Zudem versetzten ihn quälender Husten und Blutauswurf in einen Zustand völliger Apathie, der seine Schaffenskraft fünfzehn Monate lang, bis Ende Januar 1825, völlig lähmte. „*Es kommt mir vor, als hätte ich nie etwas componiert. Am Ende sind die Opern gar nicht von mir!*", schrieb er an Caroline aus Marienbad, wo er im Sommer 1824, immer hinfälliger werdend, zu einem Kuraufenthalt weilte, nachdem er noch kurz vorher die Kraft gefunden hatte, Mittelpunkt eines Musikfestes in Quedlinburg zu sein. Schon Ende Mai dessel-

ben Jahres äußerte er gegenüber seinem alten Freunde Danzi: „*Es muß ja nicht sein, daß man Opern schreibt.*" Die Arbeit an den „*Drei Pintos*" gab er endgültig auf. (Gustav Mahler hat später das Werk feinsinnig vervollständigt und eine aufführungswerte Fassung hergestellt, die er 1888 am Leipziger Stadttheater herausbrachte).
„*Gestern Abend war nun ‚Euryanthe'*", schrieb Weber am 1. April 1824 aus Dresden an Lichtenstein, „*und welch über alle Beschreibung glänzenden Triumph habe ich erlebt. So ergriffen, so enthusiasmiert habe ich unser Publikum noch nie gesehen. Mit jedem Akt stieg die Begeisterung. Am Schlusse wurde ich erst mit wahrem Sturme gerufen, dann Alle. Es war aber auch eine vortreffliche Vorstellung. Besonders die Devrient als Euryanthe und die Funk als Eglantine übertrafen sich selbst, in Spiel und Gesang ... Die Chöre ganz ausgezeichnet. Die Kapelle mit einer Vollendung der Nuancierung, wie man sie nur bei uns hören kann. Tieck ... sagte: Es seien Sachen in dieser Oper, um die mich Gluck und Mozart beneiden müßten.*" Doch konnte der Dresdner Erfolg der „*Euryanthe*" wie auch der später endlich in Berlin (am 23. Dezember 1825 in der

Szenenbild aus „Euryanthe" (Beginn des 3. Aktes) aus einer Dresdner Aufführung (nach 1832) mit Wilhelmine Schröder-Devrient in der Titelrolle und Matthias Schuster (Adolar). Zeitgenössischer Stich

Lindenoper) Weber nicht darüber hinwegtäuschen, daß dieses Werk stets im Schatten des „*Freischütz*" stehen würde.
Dabei gilt noch immer, was Robert Schumann davon 1847 schwärmte: „Die Musik ist noch viel zu wenig erkannt und anerkannt. Es ist Herzblut, sein edelstes, was er hatte; ein Stück Leben hat ihn die Oper gekostet – gewiß. Aber auch unsterblich ist er durch sie. Eine Kette glänzender Juwelen von Anfang bis zum Schluß. Alles höchst geistreich und meisterhaft." Keine Nummernoper wie der „*Freischütz*", obgleich eine solche in Wien bestellt worden war, sondern eine durchkomponierte „große heroisch-romantische Oper" in eigenständiger Gluck-Nachfolge, doch aus romantischem Geist, schuf Weber mit der „*Euryanthe*". Er betrat also musikdramatisches Neuland, zugleich demonstrierend, daß sich sein musikalisches Genie keineswegs in volkstümlichem Singspielton erschöpfte. Mit der „*Euryanthe*" einen Höhepunkt nicht nur seines eigenen, sondern des gesamten zeitgenössischen deutschen Opernschaffens erreicht zu haben, glaubte Weber zunächst fest, ehe er erkennen mußte, daß der Reichtum an musikalischer Charakterisierung und der kühne Vorstoß in neue Bereiche des Ausdruckswesens die dramaturgischen Schwächen des Stückes doch nicht aufwogen, ihm einen dauerhaften Erfolg zu sichern.
Den historischen Standort der „*Euryanthe*" markierte Eduard Hanslick mit den Worten: „An dieser Oper hat Wagner faktisch angeknüpft, mit seinem dramatischen Prinzip sowohl als auch mit tausend musikalischen Reminiszenzen. Das nachdrückliche Voranstellen der deklamatorischen Schärfe vor die rein musikalische Schönheit, das fortwährende charakterisierende Farbenmischen im Orchester, das Verflößen von Rezitativ und Kantilene, die bisher ungewohnten Begleitungsmassen: an diese Elemente konsequenter Dramatisierung der Musik knüpfte Wagner, der raffiniertere Musiker, seine Reformen." Weber bezog das Rezitativ in die dramatische Gestaltung der geschlossenen Form ein – eine Vorausnahme der Wagnerschen „unendlichen Melodie". Erinnerungs- oder Leitmotive (wie Friedrich Wilhelm Jähns sie nannte, mit seinem Verzeichnis der Werke Webers der „Köchel" unseres Komponisten), die sich schon in Spohrs „Faust"-Oper und vor allem im „*Freischütz*" angekündigt hatten, führen als wichtiges musikdramatisches Charakterisierungsmittel ebenfalls von Weber zu Wagner, der sie zu einem System ausbaute. Es fällt nicht schwer, auch eine inhaltliche Beziehung zwischen „*Euryanthe*" und Wagners „Lohengrin" herzustellen, gibt es doch dort eine ähnliche Konstellation zwischen „gutem" Paar (Graf Adolar/Euryanthe bzw. Lohengrin/Elsa) und

C. M. v. Weber: „Euryanthe". Autograph

„bösem", „dämonischem" Paar (Graf Lysiart/Eglantine bzw. Telramund/Ortrud).

Lebensausklang mit „Oberon"

Während seines letzten Aufenthaltes in Hosterwitz – am 18. August 1824 – erreichte Weber ein Brief des Direktors von Covent Garden aus London, Charles Kemble, der ihn bat, eine Oper für sein Theater zu schreiben und in die Themsestadt zu kommen, um den „*Freischütz*", „*Preciosa*" und das neue Werk zu dirigieren. Kurz zuvor hatte sich auch die Grand Opéra Paris mit einer ähnlichen Bitte an den nun weltberühmten Künstler gewandt. Weber entschied sich für London und bei den von Kemble gemachten Stoff-Vorschlägen „Faust" oder „Oberon" mit Rücksicht auf Spohr, wie bereits erwähnt, für letzteren, dessen Naturverbundenheit ihn angezogen haben mag und dessen Naturreich der Elementargeister er schon in seinem frühen „*Rübezahl*" beschworen hatte.
Trotz Kränkungen des Intendanten von Lüttichau, Krankheit Ca-

rolines, finanziellem Ärger und geringem Erfolg des deutschen Opernunternehmens in Dresden machte er sich ans Werk, nachdem er von dem englischen Librettisten, dem aus einer Hugenottenfamilie stammenden achtundzwanzigjährigen James Robinson Planché, einem versierten Stückeschreiber und Kostümbildner, aktweise das Textbuch erhalten hatte: eine Bearbeitung des Wielandschen Epos „Oberon" unter Einfügung von Einzelheiten aus Shakespeares „Sommernachtstraum" und „Sturm". Weber wußte, daß er ein todkranker Mann war, daß er, der ein Leben lang unterwegs war, die Strapazen dieser Reise nur schwer überstehen könne, schrieb er doch an Gubitz: „*Lieber Freund, ich erwerbe in England ein gut Stück Geld, das bin ich meiner Familie schuldig, aber ich weiß sehr gut – ich gehe nach London, um da – zu sterben ... Das ist alles gleich! Ob ich reise, ob ich nicht reise, bin ich in einem Jahre ein toter Mann. Wenn ich aber reise, haben meine Kinder zu essen, wenn der Vater tot ist, während sie hungern, wenn ich bleibe.*"
Zunächst lernte er Englisch und korrespondierte bereits im Januar 1825 in der fremden Sprache. Aus England meldete sich bald ein weiterer Auftraggeber. Der Edinburgher Verleger George Thomson

bat ihn für eine Sammlung schottischer Volkslieder um einige Bearbeitungen mit Instrumentalbegleitung, die er bis zum Sommer lieferte. Nach dem Erhalt aller Librettoteile des „*Oberon*" äußerte er gegenüber Planché: „*Ich begrüße das Ganze mit Liebe und will mich bemühen, nicht hinter Ihnen zurückzubleiben.*" Doch schränkte er zugleich ein, „*daß der Zuschnitt des Ganzen*" all seinen „*Vorstellungen und Maximen durchaus fremd*" sei. „*Die Einbeziehung so vieler Hauptakteure, die nicht singen, die Weglassung von Musik an den wichtigsten Momenten – all diese Dinge berauben unseren Oberon der Bezeichnung Oper und werden ihn für alle anderen Theater in Europa ungeeignet machen, was eine sehr schlechte Sache für mich ist.*" Obwohl Weber viele Änderungen forderte, die ihm mehr Möglichkeiten für Arien, Duette und Ensembles, für die dramatische Charakterisierung der Hauptpersonen gaben, mußte er dennoch Zugeständnisse an den englischen Musiktheatergeschmack machen und plante deshalb für später eine deutsche Bühnenfassung des Werkes, zu der es leider nicht mehr kam. Denn was ihm Planché geschickt hatte, konnte bestenfalls ein Schauspiel mit Gesangseinlagen und revuehaft-exotischem Schaugepränge genannt werden.

Und so entstand die romantische Märchenoper um den Zwist des

Covent Garden Theatre in London

J. R. Planché, der Textdichter des „Oberon". Stich von Onwhyn nach einer Zeichnung von Briggs

Elfenkönigs Oberon mit seiner Gattin Titania, der mit der abenteuerlichen Geschichte des Paares Hüon von Bordeaux und Rezia, Tochter des Kalifen Harun al Raschid, verwoben ist und in der treue Liebe über alle Anfechtungen triumphiert. Die Komposition – einige Stücke übernahm Weber aus früheren Werken – wurde immer wieder durch Krankheits- und Depressionszustände unterbrochen: *„Ich arbeite nicht. Mein Oberon soll zum Winter fertig sein. Ich bin sehr krank, über alle Maßen trübsinnig und zu aller Arbeit unfähig. Eine fatale Heiserkeit ... könnte wohl am Ende eine Halsschwindsucht werden."* Eine Kur in Bad Ems, wo ihn sein Londoner Auftraggeber Kemble und Hofkapellmeister Sir George Smart besuchten, um weitere Einzelheiten zu besprechen, brachte keine Besserung des Gesundheitszustandes. Doch die Arbeit am „*Oberon*" mußte weitergehen. Als er am 16. Februar 1826 die Reise nach London antrat, hatte er eine noch nicht beendete Partitur im Koffer. Nach dem Abschied von seinem Ensemble und – in formeller Audienz – vom König blieb das Schwierigste: der Abschied von der Familie. Nachdem die Tür des Reisewagens zugeschlagen war, fiel Caroline weinend auf die Knie: „Ich habe seinen Sarg zuschlagen hören!"
Die Reise nach London wurde nicht so anstrengend, wie er sie sich vorgestellt hatte – nicht zuletzt dank der Fürsorge des Flötisten Anton Bernhard Fürstenau von seiner Dresdner Kapelle, der sich (wie Freund Bärmann) zur Reisebegleitung angeboten hatte. In Paris

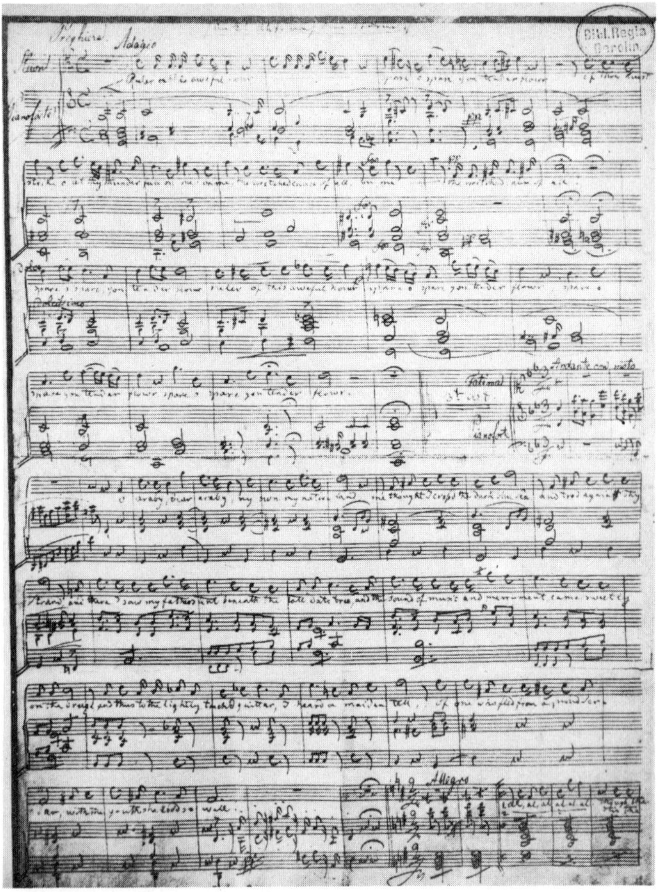

Erster Klavierauszug zum „Oberon". Textschrift: C. M. v. Weber, Noten: Anton Bernhard Fürstenau

wurde haltgemacht, um berühmte Komponistenkollegen zu treffen, so Cherubini und Rossini, Ferdinando Paër, Charles Simon Catel und Daniel François Esprit Auber, die ihn „*mit den Kundgebungen des lebhaften Interesses und der Verehrung umgaben*". Nur sein glühendster Verehrer, Berlioz, versuchte vergeblich, ihn in Paris zu sprechen.

Auch in England wurde Weber mit größter Ehrerbietung, ja gerade-

C. M. v. Weber. Ölgemälde eines unbekannten Künstlers. Anfang 19. Jh.

Weber dirigiert im Covent Garden Theatre in London. Lithographie von Charles Hullmandel nach John Hayter

zu mit Enthusiasmus aufgenommen. Quartier bezog er im Hause Smarts.

Mit schonungslosem Einsatz seiner letzten Kräfte leitete er Konzerte (in einem „Oratoriumkonzert" dirigierte er zwölf Stücke aus dem „*Freischütz*"), akkompagnierte und improvisierte auf dem Flügel bei musikalischen Soireen der Londoner Gesellschaft, vollendete nebenbei den 3. Akt des „*Oberon*" sowie – drei Tage vor der Premiere – die Ouvertüre und übernahm selbstverständlich sämtliche Proben seiner neuen Oper. Als am 12. April 1826 der „*Oberon*" mit glänzender Besetzung und Ausstattung erstmals in Szene ging, erntete sein Schöpfer einen Riesenerfolg. Noch in der Nacht schrieb er an seine Frau: „*Wie ich in's Orchester trat, erhob sich das ganze überfüllte Haus und ein unglaublicher Jubel, Vivat- und Hurrah-Rufen, Hüte- und Tücherschwenken empfing mich und war kaum wieder zu stillen ... Am Ende mit Sturmesgewalt mich herausgerufen, eine Ehre, die in England noch nie einem Komponisten widerfahren ist.*"

Mit dem „*Oberon*" war Weber, durch die Anlage des Textbuches genötigt, wieder zur Nummernoper mit gesprochenen Dialogen (wie im „*Freischütz*") zurückgekehrt, die Brüche im allzu lockerge-

Theaterzettel zur Uraufführung des „Oberon" in London

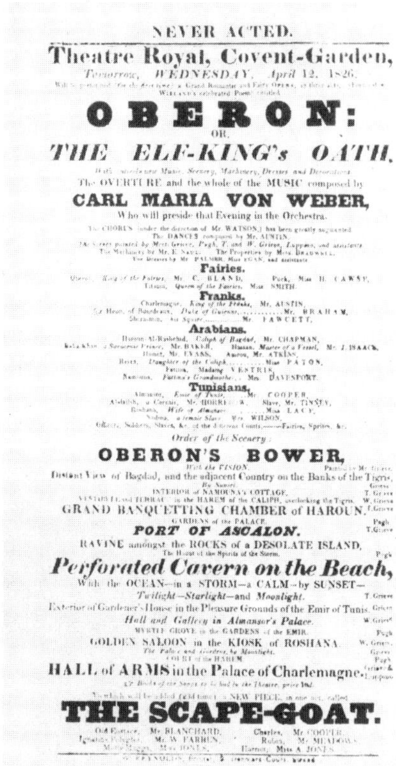

NEVER ACTED.

Theatre Royal, Covent-Garden,

Tomorrow, WEDNESDAY, April 12. 1826.

OBERON:

OR,

THE ELF-KING's OATH.

With entirely new Music, Scenery, Machinery, Dresses and Decorations.

The OVERTURE and the whole of the MUSIC composed by

CARL MARIA VON WEBER,

Who will preside that Evening in the Orchestra.

The CHORUS (under the direction of Mr. WATSON,) has been greatly augmented.

The DANCES composed by Mr. AUSTIN.

The Machinery by Mr. E. SAUL. The Properties by Mess. BRADWELL.

The Dresses by Mr. PALMER, Miss EGAN, and assistants.

Fairies.

Oberon, *King of the Fairies,* Mr. C. BLAND, Puck, Miss H. CAWSE,

Titania, *Queen of the Fairies,* Miss SMITH.

Franks.

Charlemagne, *King of the Franks,* Mr. AUSTIN,

Sir Huon, of Bourdeaux, *Duke of Guienne,*............Mr. BRAHAM,

Sherasmin, *his Squire,*..............Mr. FAWCETT,

Arabians.

Haroun Al-Raschid, *Caliph of Bagdad,* Mr. CHAPMAN,

Babekan, *a Saracenic Prince,* Mr. BAKER, Hassan, *Master of a Vessel,* Mr. J. ISAACS,

Hamet, Mr. EVANS, Amrou, Mr. ATKINS,

Reiza, *Daughter of the Caliph,*..........Miss PATON,

Fatima, Madame VESTRIS,

Namouna, *Fatima's Grandmother,*.. Mrs. DAVENPORT.

Tunisians.

Almansor, *Emir of Tunis,* ..Mr. COOPER,

Roshana, *Wife of Almansor,*.........Miss LACY,

Nadina, *a female Slave,* Mrs. WILSON,

Order of the Scenery:

OBERON'S BOWER,

With the VISION.

Distant View of Bagdad, and the adjacent Country on the Banks of the Tigris,

By Sunset.

INTERIOR of NAMOUNA's COTTAGE.

GRAND BANQUETTING CHAMBER of HAROUN.

GARDENS of the PALACE.

PORT OF ASCALON.

RAVINE amongst the ROCKS of a DESOLATE ISLAND,

Perforated Cavern on the Beach,

With the OCEAN—in a STORM—a CALM—by SUNSET—

Twilight—Starlight—and *Moonlight.*

Exterior of Gardener's House in the Pleasure Grounds of the Emir of Tunis.

Hall and Gallery in Almansor's Palace.

MYRTLE GROVE in the GARDENS of the EMIR.

GOLDEN SALOON in the KIOSK of ROSHANA.

The Palace and Gardens, by Moonlight.

COURT of the HAREM.

HALL of ARMS in the Palace of Charlemagne.

THE SCAPE-GOAT.

Old Eustace, Mr. BLANCHARD, Charles, Mr. COOPER,

Ignatius Polyglot, Mr. W. FARREN, Robin, Mr. MEADOWS,

Harriet, Miss A. JONES.

fügten Libretto jedoch leitmotivisch überbrückend. So weist beispielsweise die Drei-Noten-Tonfigur des Oberonschen Zauberhornes, mit der sogleich die Ouvertüre beginnt und die sich als Symbol durch die ganze Partitur zieht, auf die Einheitlichkeit des Geschehens hin. Dieses vollzieht sich gleichwohl auf verschiedenen Ebenen, die in ihrer ständigen Verwandlung musikalisch überaus differenziert dargestellt sind. Folkloristische, orientalische Elemente wechseln mit Klangbildern, die das Geister- und Feenreich charakterisieren, und mit „ritterlichen" Motiven als Tonsymbole der mittelalterlichen Hofgesellschaft. In der großartigen Arie der Rezia „*Ozean, du Ungeheuer*" ist nicht nur der Sturm, der Aufruhr des Meeres hörbar komponiert, sondern auch die visuelle Situation danach, wenn der Sturm sich legt und die Sonne untergeht. Wagners „Fliegender Holländer", das Schwertmotiv aus dem „Ring der

Zeitgenössische Illustration zu „Oberon". Stich von W. Jung nach Johann Heinrich Ramberg

Nibelungen" und Brünnhildes Erwachen im „Siegfried" erscheinen hier in mancher Einzelheit vorweggenommen.

Die Funktion der „*Oberon*"-Musik ist durchaus keine begleitende, sondern sie ist eine eigenständig wirkende dramatische Kraft, die die Schwächen des Textbuches vergessen läßt. Weber befand sich als genialer Melodiker, als kühner Harmoniker (mit neuartigen Dissonanzen und oft jähen Modulationen), als zukunftsweisender Instrumentator auf der Höhe seines großen Könnens – letztmalig freilich, denn der „*Oberon*" sollte sein Schwanengesang, sein Lebensausklang werden.

Über das Ausmaß seiner körperlichen Leiden in diesen Londoner Wochen, zu denen noch ein kaum bezwingbares Heimweh und quälende Todesangst traten, geben Webers Tagebuchnotizen erschütternden Aufschluß, während er in seinen Briefen an Caroline, um sie nicht zu beunruhigen, wenig von seiner Krankheit schrieb. Ein Londoner Musikliebhaber namens John Edmond Cox überlieferte diesen Bericht: „Ich hatte ihn beim Dirigieren seiner Musik

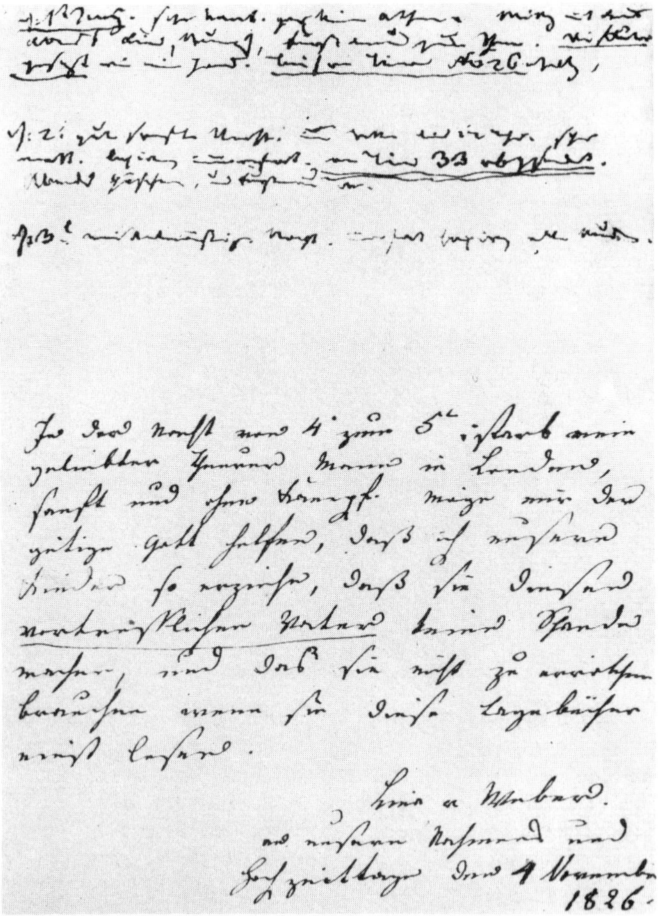

Letzte Tagebucheintragung Webers mit Nachschrift seiner Frau Caroline (1826)

beobachtet: er legte Herz und Seele in die Musik, er vermittelte Solisten, Orchester und Chor einen Schwung, wie sie ihn zuvor nie erlebt hatten, und bot eine Energie auf, die einen Mann von robuster Gesundheit erledigt hätte … Aber auf dem Weg in sein Privatzimmer, als ich sehen konnte, wie er nach Luft rang, von einem trockenen stoßweißen schwindsüchtigen Husten beinahe in Stücke

Webers Totenmaske. Profilansicht

gerissen wurde und in kalten Schweiß gebadet war, da war alle meine Begeisterung, die ich eben noch empfunden hatte, dahin. Wie dankbar reagierte er mit einem müden Lächeln auf jeden kleinsten Versuch, ihm die grauenhafte Agonie des Erstickens zu lindern, gegen die er mit der ganzen Entschlossenheit seines energischen Wesens ankämpfte. Wie bemühte er sich mit der Wohlerzogenheit des vollkommenen Gentlemans, unterschiedslos mit allen Anwesenden die Konversation aufrechtzuerhalten, ohne sich anmerken zu lassen, welche Qual sie ihm mit ihrem Gedränge um ihn herum bereiteten."

Kontraktgemäß dirigierte der neununddreißigjährige Meister nach der Premiere weitere elf Vorstellungen des „*Oberon*", auch ein – schwach besuchtes – Benefizkonzert und brachte in einem Konzert der Miß Paton, seiner Rezia, ein letztes Mal die „*Freischütz*"-Ouvertüre zur Aufführung. Alle weiteren Pläne wurden jedoch verworfen. „*Guter Gott, nur erst im Wagen sitzen*", heißt es in seinem letzten Brief an Caroline. Am Abend des 4. Juni 1826 saß er – ein

letztes Mal – mit seinen Freunden zusammen, zu denen auch der aus Prag stammende Pianist, Dirigent und Komponist Ignaz Moscheles gehörte. Am Morgen des 5. Juni fanden sie ihn, offenbar ohne Kampf entschlafen, tot in seinem Bett.
Die Trauerfeier war ein außerordentliches, öffentliches Ereignis. Zu den Klängen des Trauermarsches aus Händels „Saul" fand am 21. Juni 1826 in der Gruft der Kapelle St. Mary von Moorfields, der katholischen Hauptkirche Londons, die Beisetzung statt.

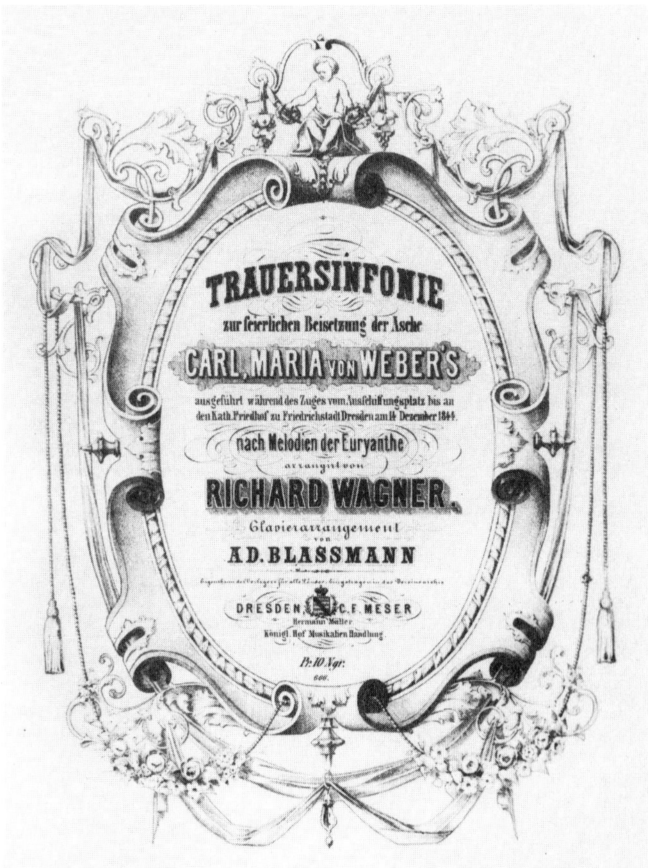

Richard Wagner: Trauersinfonie zur Beisetzung C. M. v. Webers. Titelblatt

Im Spätherbst bzw. Winter 1844 wurden, wesentlich auf Drängen seines Nachfolgers in Dresden, Richard Wagner, Webers sterbliche Überreste von London nach Hamburg überführt, elbaufwärts nach Sachsen gebracht und am 15. Dezember 1844 in Dresden feierlich unter starker Anteilnahme der Bevölkerung beigesetzt. An der nach Gottfried Sempers Entwurf erbauten Weberschen Familiengruft auf dem Katholischen Friedhof in Dresden-Friedrichstadt hielt Wagner, der für den Trauerzug nach Motiven aus „*Euryanthe*" eigens eine Trauersinfonie komponiert hatte, seine berühmt gewordene Grabrede. Wesentliches über den großen Menschen und Künstler, dessen Lebensmaxime „Beharrlichkeit führt zum Ziel" hieß, sagt auch jener Satz, mit dem er selbst 1818 seine autobiographische Skizze beschloß: „*Wenn sie einmal einen Stein über meine Hülle legen, so werden sie mit Wahrheit darauf schreiben können: ‚Hier ruht einer, der es wahrhaft redlich und rein mit Menschen und Kunst meinte.*'"

Grabmal C. M. v. Webers auf dem Inneren Katholischen Friedhof in Dresden (Entwurf: G. Semper). Stich von A. Krauße nach einer Zeichnung von G. Taubert

Zeittafel

1786 Carl Maria von Weber am 18. oder 19. November in Eutin geboren (getauft am 20. November) als Sohn des Stadtmusikus Franz Anton von Weber (1734–1812) und seiner Frau Genovefa geb. Brenner (1764 bis 1798). – Mozart: Figaros Hochzeit.

1787 Beginn eines unruhigen Wanderlebens mit des Vaters eigener Schauspieltruppe. – Mozart: Don Giovanni; Gluck gestorben.

1789 Bürgerliche Revolution in Frankreich.

1791 Mozart: Zauberflöte, Mozart gestorben; Meyerbeer, Körner geboren.

1792 Rossini geboren. Gründung der Berliner Singakademie. Frankreich wird Republik.

1795 Marschner geboren.

1796 Erster geregelter Klavierunterricht bei Johann Peter Heuschkel in Hildburghausen. – Krieg Napoleons gegen Österreich.

1797 Unterricht in Klavier, Kontrapunkt und Gesang bei Michael Haydn in Salzburg. – Schubert, Donizetti und Heine geboren. Steindruckverfahren von Senefelder erfunden.

1798 Tod der Mutter in Salzburg. *Opus 1, Sechs Fughetten,* erscheint bei Mayr in Salzburg. – Haydn: Schöpfung.

1799 Kompositionsunterricht bei Johann Nepomuk Kalcher, Gesangsunterricht bei Johann Valesi in München. Erste Oper: „*Die Macht der Liebe und des Weins*" (verschollen), *Jugendmesse Es-Dur.* – Napoleon Konsul.

1800 Zweite Oper „*Das Waldmädchen*" in Freiberg uraufgeführt, *6 Variationen für Klavier op. 2,* die er selbst lithographierte. – Cherubini: Der Wasserträger. Beginn der napoleonischen Kriege.

1801 Fortsetzung der musikalischen Studien bei Michael Haydn in Salzburg. Dritte Oper: „*Peter Schmoll*", *Klavierstücke op. 3 und 4.* – Haydn: Jahreszeiten. Lortzing geboren.

1802 Reise nach Norddeutschland, auch nach Eutin. Begegnung mit Johann Heinrich Voß. – Napoleon Konsul auf Lebenszeit.

1803 Uraufführung des „*Peter Schmoll*" in Augsburg. Übersiedlung nach Wien und Unterricht bei Abbé Vogler. – Berlioz geboren. Krieg Frankreich – England.

1804 Kapellmeister des Stadttheaters Breslau (bis 1806). Vierte Oper: „*Rübezahl*" (unvollendet). – Glinka geboren; Beethoven: Eroica und 3. Klavierkonzert. Napoleon wird Kaiser, erläßt Code civil.

1805 Beethoven: Fidelio. Napoleon besetzt Wien.

1806 Gast auf Schloß Carlsruhe als „Musikintendant" des Herzogs Eugen von Württemberg (bis 1807). *1. und 2. Sinfonie.* – Beethoven: Fidelio (2. Fassung). Arnim/Brentano: Des Knaben Wunderhorn. Rheinbund. Kontinentalsperre. Franz II. legt deutsche Kaiserkrone nieder.

1807 Geheimsekretär des Herzogs Ludwig von Württemberg in Stuttgart. – Steinsche Reformen in Preußen, Aufhebung der Leibeigenschaft.

1808 Beethoven: 5. und 6. Sinfonie.

1809 *Klavierquartett op. 18*, Musik zu Schiller/Gozzi, „*Turandot*". – J. Haydn gestorben; Mendelssohn geboren. Zelters „Liedertafel" gegründet. 2. Einzug Napoleons in Wien. Tiroler Aufstand unter Andreas Hofer. Metternich österreichischer Außenminister.

1810 Weber in Stuttgart verhaftet und des Landes verwiesen. Aufenthalt in Mannheim und Darmstadt. Uraufführung der fünften Oper „*Silvana*" in Frankfurt/M. mit Caroline Brandt in der Titelrolle. *1. Klavierkonzert op. 11*. – Chopin, Schumann und Nicolai geboren.

1811 Sechste Oper „*Abu Hassan*" in München uraufgeführt. *Klarinettenkonzerte op. 26, 73 und 74*. Konzerte mit dem Klarinettisten Bärmann. Kunstreise in die Schweiz. – Liszt geboren.

1812 Tod des Vaters in Mannheim. Kunstreise mit Bärmann nach Leipzig, Gotha, Weimar (Begegnung mit Goethe und Wieland), Dresden, Berlin. Chorlied „*Kriegseid*", Kompositionen für Zelters „Liedertafel", *Klaviersonate op. 24, 2. Klavierkonzert op. 32*. – Beethoven: 5. Klavierkonzert. Niederlage Napoleons in Rußland.

1813 Kapellmeister und Operndirektor des Ständetheaters Prag (bis 1816). Caroline Brandt als Soubrette am gleichen Theater tätig. – Beethoven: 7. Sinfonie, Schlachtensinfonie. Wagner und Verdi geboren. Wieland und Körner gestorben. Befreiungskriege bis 1815. Wellingtons Sieg bei Vittoria. Völkerschlacht bei Leipzig.

1814 Aufenthalt in Berlin und im Jagdschloß Gräfentonna. Vertonung der Körner-Gedichte „*Lützows wilde Jagd*" und „*Schwert-Lied*". – Beethoven: Fidelio (3. Fassung). Napoleon nach Elba verbannt.

1815 *Klarinettenquintett op. 34*; Kantate „*Kampf und Sieg*" in Prag uraufgeführt. – Niederlage Napoleons bei Waterloo. Wiener Kongreß.

1816 *Klaviersonaten op. 39 und op. 49*. Weber kündigt in Prag und führt Verhandlungen mit Graf Vitzthum in Karlsbad über Anstellung in Dresden. Verlobung mit Caroline Brandt. – Spohr: Faust (von Weber in Prag uraufgeführt); E. T. A. Hoffmann: Undine; Rossini: Barbier von Sevilla.

1817 Seit 17. Januar Leiter der neugegründeten Deutschen Oper in Dresden (laut Dekret vom 15. September Anstellung als Königlich-Sächsischer Hofkapellmeister auf Lebenszeit). Heirat mit Caroline Brandt in Prag. Beginn der Arbeit am „*Freischütz*".

1818 Erster Aufenthalt im Sommerhaus Hosterwitz bei Dresden: *Jubelkantate op. 58, Jubelouvertüre op. 59, Kantate „Natur und Liebe" op. 61*.

1819 Zweiter Aufenthalt in Hosterwitz: *Rondeau brillante op. 62, Auffor-*

derung zum Tanz op. 65 und *Polacca brillante op. 72 für Klavier.* Verhandlungen mit Graf Brühl über „*Freischütz*"-Premiere in Berlin.

1820 Im Landhaus im Coselgarten Komposition der siebenten Oper „*Der Freischütz*" und der Bühnenmusik „*Preciosa*" abgeschlossen, achte Oper „*Die drei Pintos*" begonnen. Konzertreise nach Norddeutschland und Dänemark.

1821 Uraufführung der Musik zum Schauspiel „*Preciosa*" von P. A. Wolff im Opernhaus (14. März) und – unter Leitung des Komponisten – des „*Freischütz*" im Königlichen Schauspielhaus Berlin (18. Juni). *Konzertstück für Klavier und Orchester op. 79.* Beginn der Arbeit an der „*Euryanthe*", vollendet 1823 in Hosterwitz. – Napoleon gestorben.

1822 Erstaufführung des „*Freischütz*" in Dresden. Reise nach Wien. Geburt des Sohnes Max Maria (25. April), der die erste Biographie Webers schreiben wird. *Klaviersonate op. 70,* Revision des *Fagottkonzertes op. 75.* – Beethoven: Missa solemnis; Schubert: Sinfonie h-Moll. César Franck geboren; E. T. A. Hoffmann gestorben.

1823 Besuch bei Beethoven in Baden bei Wien. Uraufführung der neunten Oper „*Euryanthe*" im Kärntnertortheater Wien (25. Oktober) unter Leitung des Komponisten. – Spohr: Jessonda.

1824 Erstaufführung der „*Euryanthe*" in Dresden. Musikfest in Quedlinburg zum 100. Geburtstag Klopstocks unter Webers Leitung. Beginn der Arbeit an der zehnten Oper „*Oberon*". Letzter Aufenthalt in Hosterwitz. Kur in Marienbad. – Beethoven: 9. Sinfonie. Bruckner und Smetana geboren.

1825 Erstaufführung der „*Euryanthe*" in Berlin. Kur in Bad Ems. Dritte Begegnung mit Goethe in Weimar. Geburt des zweiten Sohnes Alexander Victor Maria.

1826 Reise über Paris (Begegnung mit Cherubini, Rossini, Paër, Cátel und Auber) nach London mit dem Kammermusiker A. B. Fürstenau. Uraufführung des „*Oberon*" im Covent Garden Theatre (12. April) unter Leitung des Komponisten, der auch elf Wiederholungsvorstellungen dirigiert. Tod Webers in London (5. Juni) und Beisetzung in der Gruft der Kapelle St. Mary von Moorfields (21. Juni). – Beethoven: Quartett op. 135; Schubert: Quartett d-Moll; Mendelssohn: Sommernachtstraum-Ouvertüre.

1827 Beethoven gestorben.

1828 Erstaufführung des „*Oberon*" in Dresden in deutscher Fassung von Theodor Hell unter Carl Gottlieb Reißiger. – Schubert gestorben.

1844 Überführung und Bestattung Webers auf dem Katholischen Friedhof in Dresden-Friedrichstadt (15. Dezember), Gedächtnisrede Wagners. Tod des Sohnes Alexander Victor Maria.

Webers Werke nach Gattungen (Auswahl)

Opern

Das Waldmädchen (1800; UA Freiberg 1800), Fragment; Peter Schmoll und seine Nachbarn (1801/02; UA Augsburg 1803); Rübezahl (1804/05), Fragment; Silvana (1808/10; UA Frankfurt/M. 1810); Abu Hassan (1811; UA München 1811); Der Freischütz (1817/21; UA Berlin 1821); Die drei Pintos (1820/21; vollendet und instrumentiert von G. Mahler, UA Leipzig 1888); Euryanthe (1822/23; UA Wien 1823); Oberon (1825/26; UA London 1826).

Schauspielmusiken

zu „Turandot" (F. Schiller nach Gozzi) op. 37 (1809); zu „König Yngurd" (A. Müllner), 1817; zu „Heinrich IV., König von Frankreich" (E. Gehe), 1818; zu „Lieb' um Liebe" (A. Rublack), 1818; zu „Preciosa" (P. A. Wolff; 1800; UA Berlin 1821).

Orchesterwerke

2 Sinfonien C-Dur (1807); Grand Ouvertüre à plusieurs Instruments (Bearbeitung der Peter-Schmoll-Ouvertüre) op. 8 (1807); Ouvertüre zu „Beherrscher der Geister" (Bearbeitung der Ouvertüre zu „Rübezahl") op. 27 (1811); Jubel-Ouvertüre op. 59 (1818); Konzerte für: Flöte (Romanza siciliana g-Moll, 1805); Horn e-Moll op. 45 (1806, revidiert 1815; Violoncello (Grand Potpourri D-Dur op. 20, 1808); Viola (Andante e Rondo ungarese c-Moll, 1809, bearbeitet für Fagott op. 35, 1813); Fagott F-Dur op. 75 (1811, revidiert 1822); Harmonichord oder Harmonium F-Dur (1811); Klarinette Es-Dur op. 26 (1811), f-Moll op. 73 (1811), Es-Dur op. 74 (1811); Klavier C-Dur op. 11 (1810) und Es-Dur op. 32 (1812), Konzertstück f-Moll op. 79 (1821).

Klavierwerke

6 Fughetten op. 1 (1798); Variationen op. 2 (1800), op. 5 (1804), op. 7 (1807), op. 9 (1808), op. 28 (1812), op. 40 (1815), op. 55 (1817); Momento capriccioso op. 12 (1808); Grande Polonaise Es-Dur op. 21 (1808); 4 Sonaten C-Dur op. 24 (1812), As-Dur op. 39 (1816), d-Moll op. 49 (1816), e-Moll op. 70 (1822); Rondeau brillant Es-Dur op. 62 (1819); Aufforderung zum Tanz op. 65 (1819); Polacca brillante E-Dur op. 72 (1819). Für Klavier zu 4 Händen: 6 kleine leichte Stücke op. 3 (1801); 6 Stücke op. 10 (1809); 8 Stücke op. 60 (1818/19).

Kammermusik

6 Sonaten für Violine und Klavier op. 17 (1810); 9 Variationen für Violine und Klavier op. 22 (1808); 7 Variationen für Klarinette und Klavier op. 33

(1811); Divertimento für Gitarre und Klavier op. 38 (1816); Grand Duo concertant für Klavier und Klarinette op. 48 (1816); Trio für Flöte, Violoncello und Klavier g-Moll op. 63 (1819); Klavierquartett op. 18 (1809); Klarinettenquintett op. 34 (1815).

Vokalwerke

Zahlreiche Klavierlieder (u. a. „Die Temperamente beim Verluste der Geliebten" op. 46, 1816, nach F. W. Gubitz) und Lieder mit Gitarre-Begleitung (u. a. Wiegenlied „Schlaf, Herzenssöhnchen, mein Liebling bist du" op. 13 Nr. 2, 1810, nach F. C. Hiemer) nach verschiedenen Dichtern; Kanons; Volksliederbearbeitungen (10 Schottische National-Gesänge mit Begleitung von Flöte, Violine, Violoncello und Klavier, 1825). – Für Singstimme und Klavier: Gesänge aus Th. Körners „Leyer und Schwerdt" op. 41 und 43, dasselbe für 4stimmigen Männerchor op. 42 (1814/16). – Italienische Konzertarien mit Orchester. – 3 Messen: Jugendmesse Es-Dur (1799), 2 Missae sanctae Es-Dur (1818) und G-Dur op. 76 (1819). – Kantaten: „Der erste Ton" op. 14 (1808) für Deklamation, Chor und Orchester; „Kampf und Sieg" op. 44 (1815) für Soli, Chor und Orchester; Jubel-Kantate op. 58 (1818) für Soli, Chor und Orchester; „Natur und Liebe" op. 61 (1818). – Chöre mit und ohne Instrumentalbegleitung (u. a. 6 Gesänge für Männerstimmen a cappella op. 68, 1814 und 1819/22).

Schriften

Tonkünstlers Leben, Roman (1809/20), unvollendet; Ideen zu einer musikalischen Topographie (1811), unvollendet; Autobiographische Skizze (1818); Dramatisch-musikalische Notizen für das Publikum des Prager Ständetheaters (1815/16) und des Dresdner Theaters (1817/24); Rezensionen und vermischte Beiträge in der Tagespresse und in der „Allgemeinen Musikalischen Zeitung" (1809/26).

Weber-Literatur (Auswahl)

Werkverzeichnisse und Bibliographie

Friedrich Wilhelm Jähns: C. M. v. Weber in seinen Werken. Chronologisch-thematisches Verzeichnis seiner sämtlichen Kompositionen, Berlin 1871 (NA 1967)

Hans Dünnebeil: Schrifttum über C. M. v. Weber, Berlin (W) 1947 (^{4}1957)

Hans Dünnebeil: C. M. v. Weber. Verzeichnis seiner Kompositionen, Berlin (W) ^{2}1947

Schriften und Briefe

C. M. v. Weber, Ausgewählte Schriften, hrsg. von R. Kleinecke, Leipzig 1892

C. M. v. Weber, Sämtliche Schriften, hrsg. von G. Kaiser, Leipzig 1908

C. M. v. Weber, Kunstansichten. Ausgewählte Schriften, hrsg. von K. Laux, Leipzig 1969 (^{2}/1975)

C. M. v. Weber in seinen Schriften und in zeitgenössischen Dokumenten, hrsg. von M. Hürlimann, Zürich 1973

Reisebriefe an seine Gattin, hrsg. von C. v. Weber, Leipzig 1886

Briefe an Hinrich Lichtenstein, hrsg. von E. Rudorff, Braunschweig 1900

Briefe an den Grafen Carl von Brühl, hrsg. von G. Kaiser, Leipzig 1911

77 bisher ungedruckte Briefe, hrsg. von L. Hirschberg, Hildburghausen 1926

Unveröffentlichte Briefe an Friederike Koch, hrsg. von W. Virneisel in: C. M. v. Weber, eine Gedenkschrift, Dresden 1951

Briefe an Gottfried Weber, hrsg. von W. Bollert u. A. Lemke, in: „Jahrbuch des Staatlichen Institutes für Musikforschung", Berlin (W) 1972

Unveröffentlichte Briefe, hrsg. von H. John, in: Beiträge zur Musikwissenschaft Jg. 20, Berlin 1978, H. 3, 186–198

C. M. v. Weber, Briefe, hrsg. von H. Chr. Worbs, Frankfurt/M. 1982

C. M. v. Weber, Mein vielgeliebter Muks. 100 Briefe des Komponisten an Caroline Brandt aus den Jahren 1814–1817, hrsg. von E. Bartlitz, Berlin 1986

Biographien und sonstige Darstellungen

Max Maria von Weber, C. M. v. Weber. Ein Lebensbild, 3 Bände, Leipzig 1864–1866 (Der 3. Band enthält Schriften Webers)

Friedrich Kind, Das Freischützbuch, Leipzig 1843

Walter Georgii, C. M. v. Weber als Klavierkomponist, Leipzig 1914

Friedrich Hefele, Die Vorfahren C. M. v. Webers, Karlsruhe 1926

Erwin Kroll, C. M. v. Weber, Potsdam 1934

Hans Joachim Moser, C. M. v. Weber, Leipzig 1940 (^{2}1955)

Hans Schnoor, Weber auf dem Welttheater, Dresden 1942 (Hamburg [4]1963)
Hans Schnoor, Weber – Gestalt und Schöpfung, Dresden 1953
Hans Dünnebeil, C. M. v. Weber. Ein Brevier, Berlin (W) 1949
Hans Dünnebeil, C. M. v. Weber. Leben und Wirken dargestellt in chronologischen Tafeln, Berlin (W) 1953
C. M. v. Weber – Eine Gedenkschrift, hrsg. von G. Haußwald, Dresden 1951
Karl-Heinz Köhler, C. M. v. Webers Beziehungen zu Berlin. Studien am Berliner Weber-Nachlaß (in der Deutschen Staatsbibliothek), in: Festschrift H. Besseler, Leipzig 1961
Hans Schnoor/Anna Amalie Abert/Eveline Bartlitz, C. M. v. Weber, in: „Die Musik in Geschichte und Gegenwart", Band 12, Kassel 1965
Wolfgang Becker, Die deutsche Oper in Dresden unter der Leitung von C. M. v. Weber, Berlin (W) 1962
Karl Laux, C. M. v. Weber, Leipzig 1966
Karl Laux, C. M. v. Weber (Bildband), Leipzig 1978
John Warrack, C. M. v. Weber, Hamburg und Düsseldorf 1972, Leipzig 1986
John Warrack, C. M. v. Weber, in: The New Grove Dictionary of Music and Musicians, Band 20, London 1980
Gerd Schönfelder, Humanistischer Gegenentwurf zur Bürgerwelt (Zum 150. Todestag von C. M. v. Weber), in: Bulletin des Musikrates der DDR, 13. Jg., Heft 3, Berlin 1976
Michael Leinert, C. M. v. Weber in Selbstzeugnissen und Bilddokumenten, Hamburg 1978
C. M. v. Weber, Der Freischütz. Texte, Materialien, Kommentare, hrsg. von A. Csampai und D. Holland, Hamburg 1981
Heinz Hoppe, C. M. v. Webers Sommerwohnung in Dresden-Neustadt, in: Sächsische Heimatblätter, Dresden, Jg. 1984, Heft 1
Oper in Dresden, Festschrift zur Wiedereröffnung der Semperoper, hrsg. von H. Seeger und M. Rank, Berlin 1985
Jaroslav Bužga, C. M. v. Webers Prager „Notizen-Buch" (1813–1816). Kommentar und Erstveröffentlichung des Originals, in: Oper heute – Ein Almanach der Musikbühne 8, hrsg. von H. Seeger und M. Rank, Berlin 1985
Günter Zschacke, C. M. v. Weber – Romantiker im Aufbruch, Lübeck 1985
Hans Hoffmann, C. M. v. Weber – Biographie eines realistischen Romantikers, Düsseldorf 1986
Karla Höcker, Oberons Horn – Das Leben C. M. v. Webers, Berlin (W) 1986
Musik-Konzepte 52: C. M. v. Weber, hrsg. von H.-K. Metzger und R. Riehn, München 1986
Konferenzbericht „C. M. v. Weber und der Gedanke der Nationaloper", 10. Sonderheft der Schriftenreihe der Hochschule für Musik „C. M. v. Weber" Dresden, hrsg. von G. Stephan und H. John, Dresden 1987

Programmbroschüre der Dresdner Musikfestspiele 1986 und der Carl-Maria-von-Weber-Tage der DDR, Berlin/Dresden 1986
Jahrbuch der Staatsoper Dresden 1985/86

Bildquellen

Deutsche Staatsbibliothek Berlin (5); Museum für Geschichte der Stadt Dresden (1); Sächsische Landesbibliothek Dresden, Abteilung Deutsche Fotothek (33); Stadt- und Bergbaumuseum Freiberg (1); VEB Bibliographisches Institut Leipzig (20).